11-83

Lucía Jerez

Letras Hispánicas

José Martí

Lucía Jerez

Edición de Carlos Javier Morales

SEGUNDA EDICIÓN

CATEDRA

LETRAS HISPANICAS

Ilustración de cubierta: *Hortensia,* de Berthe Morisot

© Ediciones Cátedra (Grupo Anaya, S.A.), 2000
Juan Ignacio Luca de Tena, 15. 28027 Madrid
Depósito legal: M. 33.137-2000
ISBN: 84-376-1250-0
Printed in Spain
Impreso en Closas-Orcoyen, S.L.
Paracuellos de Jarama (Madrid)

Índice

Índice

Introducción

Retrato del natural de José Martí, pintado en Nueva York
por Herman Norrman, en 1891.

I. José Martí: el hombre y el escritor después de un siglo

El rostro verdadero del cubano José Martí (1853-1895) cada vez se muestra más resplandeciente ante nuestra mirada. Si es verdad que desde su más temprana juventud despertó una gran admiración en los círculos intelectuales de su patria y de España, admiración que fue creciendo vigorosa a lo largo de su vida, hemos de reconocer que hoy —muy cerca ya del primer centenario de su muerte— la personalidad humana y artística del maestro sigue desvelándonos facetas desconocidas de su genialidad poderosa.

Mucho se ha escrito ya sobre Martí, el hombre, el pensador, el político, el periodista sublime, el poeta audaz, el revolucionario incansable; mucho se ha escrito ya sobre él, en Cuba y fuera de Cuba: las biografías martianas, los análisis de su obra, la indagación en su pensamiento han arrojado a la imprenta muchos centenares de libros y una cantidad de artículos que se cuentan por millares. Lo significativo de este fenómeno es que tales estudios surgen uno tras otro y casi ninguno resulta vano, casi todos iluminan un aspecto o un elemento ignorado de su hondura humana, espiritual y literaria. Cuando terminé mi extenso libro sobre la teoría poética de José Martí, y antes de publicarse, Gastón Baquero le dedicó una larga reseña periodística titulada «Martí: la fuente inagotable». En él reconocía que el objeto de mi estudio no había sido explorado científicamente hasta ese momento y, sobre todo, se asombraba de que una figura tan leída, releída y analizada tuviese todavía tantas cosas nuevas que revelarnos. Al igual que Baquero, yo sigo persuadido de que esa fuente martiana aún no se ha agotado, y de que seguirá ma-

11

nando sin cansancio y seguirá requiriendo nuevas aproximaciones críticas.

Desde un punto de vista estrictamente literario, ¿a qué se debe ese interés siempre creciente por su obra? Si consideramos las primeras producciones del maestro, tanto sus artículos y ensayos como sus poemas, escritos a principios de los setenta del pasado siglo y muchos de ellos publicados por esas mismas fechas, no tardaremos en percatarnos del talento genial que anuncian estas producciones tan tempranas, como *El presidio político en Cuba* (1871). Tales textos, considerados en sí mismos, introducen una savia nueva y deslumbrante en el lenguaje literario en castellano de la época. Si corriendo en el tiempo hacia adelante, reparamos en su primer poemario publicado, el *Ismaelillo* (1882), y en los artículos y crónicas periodísticas de ese mismo año, nos convenceremos enseguida de que la escritura martiana se halla sustentada por una visión del mundo que centellea poderosamente por su hondura sapiencial y por una modernidad inusitada en el mundo hispánico de entonces, por no decir nada de su calidad poética. Ya el mismo lenguaje, en su forma interna y externa, supone una revolución estilística que muy pronto encenderá la llama de un nuevo movimiento literario continental: el modernismo. Martí seguirá engendrando con su pluma nuevas maravillas en la prosa y en el verso, las cuales no se agotan hasta su muerte prematura en 1895, en medio de la guerra independentista de su patria, que él mismo había impulsado con una convicción y un esfuerzo infatigables.

En ese mismo año de 1882 nuestro autor había escrito la mayor parte de sus *Versos libres*, que verán la luz póstumamente. Una primera lectura de estos poemas, que se debaten entre el desgarramiento espiritual y la esperanza en una felicidad resolutiva, que se hará plena en la vida superior del más allá eterno; una primera lectura de los *Versos libres* —digo— nos causará el impacto de una escritura poética radicalmente nueva por su ideario, por su temperamento y por su estilo. En esa novedad de 1882 el modernismo ya es un fenómeno consumado, gracias, en gran parte, al genio de Martí. Pero lo más sorprendente no es comprobar la paternidad martiana de ese nuevo movimiento, que ya resulta indiscutible; lo más sorprendente está en que tales versos contienen una sustancia germinativa que parece no acabarse nunca. Leyendo esos «endecasílabos hirsutos», esos versos quebradizos como el alma del que los escribe, nuestra emoción nos lleva a sumergirnos en el mundo de numerosos poetas de nuestro siglo xx: Unamuno, Vallejo, Octavio Paz, Jaime Gil de Biedma y un largo etcétera interminable que llega hasta nuestros días. Y ello es así porque Martí no sólo sopló las ráfagas saludables del modernismo hispánico, sino que su modernidad llega mucho más lejos que la de otras voces más tardías de esa corriente literaria. Y no sólo llega más lejos, sino que llega por múltiples caminos, por los diversos senderos que han transitado los poetas de nuestra centuria: desde la ironía trágica de Unamuno y de Vallejo, desde el popularismo intimista de un Lorca, un Alberti o un Miguel Hernández, hasta la poesía de inmediato compromiso social —no necesariamente político— del mismo Vallejo, de Neruda, de Blas de Otero, etc.; pasando por el vitalismo irrefrenable de Aleixandre o de Octavio Paz, por el existencialismo encarnizado de Cernuda o Gil de Biedma y por la compacta metafísica del exuberante Lezama Lima.

No quiero yo decir con este somero elenco de autores capitales que todos ellos hayan bebido directamente de la fuente martiana. Lo que pretendo afirmar —y he aquí el hecho prodigioso— es que la prosa y la poesía del cubano apuntan hacia todas estas direcciones futuras; contienen en germen una sustancia que muchos años después seguirá desplegándose inagotable hasta en los poetas más cercanos a nosotros.

Y eso vale para el terreno literario, que es el que aquí más nos interesa. Pero Martí es un pensador, un pensador integral, que con su mirada omnicomprensiva medita y aporta soluciones sobre el problema de los indios americanos; se admira y juzga sobre el valor humano de los descubrimientos de las ciencias experimentales, analiza los males y las ventajas de los sistemas educativos vigentes en Venezuela, en Florida o en Nueva York; indaga en el desarrollo económico de los países de su América hispana, estudia concienzudamente los descarríos de la política en tales países hermanos; sustenta ideológicamente y lucha con denuedo por la independencia y el futuro de su patria. Se extasía, en fin, al vislumbrar la esencia metafísica del universo, al describir el entierro del político chino Li-In-Du, al contemplar el urbanismo ranciamente colonial de La Antigua, en Guatemala, o al narrar el horror de las víctimas del terremoto de Charleston.

Y todos estos estratos de la realidad se hallan informados, vivificados, por un sólido humanismo de marcado sello ético. Se trata, sí, de un humanismo idealista, por cuanto reconoce en el Uno-Amor supremo la esencia metafísica del cosmos. Tal idealismo lo conduce a exaltar la dimensión espiritual del ser humano, cuyo comportamiento no puede explicarse por causas meramente fisiológicas o por las determinaciones del medio y de la herencia, en contraste con el método naturalista que tanto influyó en la literatura de su tiempo. Para Martí el hombre actúa según los dictados libres de su albedrío, según las decisiones privadas de su espíritu propio: ese es al menos el *desideratum* más alto de su ambicioso programa moral, y a él se entregará con su pluma y con su tarea intelectual, con su literatura y con su acción.

Con todo, se hace necesario advertir que ese idealismo radical de su visión del mundo, de raigambre neoplatónica y de filiación directamente krausista, no desprecia los instrumentos del análisis naturalista de los fenómenos humanos, como tampoco desprecia las valiosas aportaciones de las ciencias experimentales, que en su época alcanzan un aceleradísimo desarrollo. Lo que Martí opera, al fin y al cabo, es una integración sintetizadora de todos esos saberes de la modernidad científica (impulsada por la epistemología positivista) en un sistema de pensamiento que reconoce la dignidad espiritual del hombre y las potencialidades insospechables de su espíritu, las cuales encuentran en el arte y en la acción humanitaria sus manifestaciones más sublimes. Si para Martí «la poesía ha de tener raíz en la tierra, y base de hecho real»[1],

---

[1] Martí, J., «Un poeta. *Poesías* de Francisco Sellén», artículo publicado en *La ofrenda de Oro* (Nueva York, diciembre de 1890), recogido en *Obras completas,* La Habana, Editorial de Ciencias Sociales, 1975, t. 5, pág. 191. Citaré en adelante por esta edición de sus *Obras completas,* salvo que se indique explícitamente otra edición.

y luego ha de conducir al alma hacia la contemplación del Bien y la Belleza sumos, todo su modo de pensar y de hacer literario arranca precisamente del objeto externo y de la realidad inmediata en sus concretas circunstancias históricas. De ahí que su pensamiento y su obra se hallen traspasados por una connatural *secularidad*, por un contacto permanente con el mundo que lo rodea, un mundo que para Martí está reclamando la acción bienhechora del intelectual y del artista, porque el arte y el pensamiento han de servir, ante todo, para el mejoramiento humano. Ese cronista que desde Nueva York nos da noticia de los acontecimientos cotidianos de aquel país, de sus hechos públicos y de sus más menudos sucesos; ese cronista entusiasmado u horrorizado ante la realidad circundante, ése es el mismo hombre que aprovecha su pluma de periodista, de novelista o de poeta, para interpretar tales sucesos a la luz del destino último del hombre y de los ideales absolutos. Por todo ello debemos hablar de un *idealismo realista*, por contradictorio que parezca este concepto: un Martí idealista por su visión del mundo que, sin embargo, permanece atento al incesante y al menudo devenir de la historia.

Tan abarcadora es su mirada, tan insoslayable es su compromiso social y político, tan hondas están las raíces de su pensamiento, que podemos decir sin atrevimiento alguno que Martí es un *pensador integral*, cuya reflexión no se halla circunscrita a los problemas de su patria, sino abierta a todo el acontecer hispanoamericano; sin olvidar su preocupación constante por los Estados Unidos, su país de residencia, y su atención a la dinámica vida europea de su tiempo. Todo ello nos explica que la figura de Martí no nos interese sólo por el elevado rango artístico de su escritura, sino también por lo compacto y duradero de su pensamiento.

Mucho se ha escrito ya sobre su vida y muy fácilmente podrá conocerla el lector a través de cualquier obra de primera mano. Por lo que respecta a estas páginas introductorias, basta con señalar su obligada y dolorosa condición de exiliado, que él asume con un temperamento trágico pero al mismo tiempo esperanzador. Y no podemos eludir que ese forzoso destierro alimentó las ansias redentoras e independentistas para su patria; como tampoco es justo silenciar que esos variados países en que transcurrió su existencia (España, donde vivió casi cuatro años como deportado; México, Guatemala, Venezuela y Estados Unidos, donde vive ininterrumpidamente desde 1881 hasta el año de su muerte) enriquecieron su formación cultural, artística y literaria. Su constante apertura a las literaturas extranjeras, actitud infrecuente en los escritores hispánicos coetáneos de Martí (salvo en los modernistas de su tiempo y los que le suceden), esa apertura a las letras extranjeras y esa atención constante al panorama literario de todo el mundo hispánico se explica, en buena parte, por sus estancias en países muy diversos. El joven Martí que vive en España, por ejemplo, aprovecha esta ocasión para beber ávidamente en los veneros más puros de la literatura clásica peninsular, y también para asimilar el idealismo krausista que determinará todo su pensamiento. Las dos visitas a París despiertan su interés por la pintura impresionista y por el simbolismo de sus poetas y prosistas más modernos. En México, Guatemala y Venezuela, sin despreciar su literatura, aprende, sobre todo, a valorar la naturaleza colosal del continente americano y a admirar sus peculiaridades sociales, sus raíces culturales más genuinas. En Estados Unidos crece su fervor por la democracia, por el cosmopolitismo cultural que empieza a imperar en Nueva York y por la literatura norteamericana de aquel momento, que refleja el sentir patriótico de sus escritores; sin que por ello deje de observar y reprobar las direcciones torcidas que a veces toma su política, así como las desmesuras de ese capitalismo imparable.

Su destierro fue, en suma, harto doloroso pero muy fecundo, sobre todo por ser un hombre convencido del valor constructivo del dolor. El destierro fue estímulo de su rebeldía y, a la par, motivo de esa armoniosa síntesis de culturas diversas que tanto nutrió su pensamiento y su obra literaria.

Como escritor, Martí nos ha legado una producción inmensa, no sólo por su volumen, sino por lo breve de su vida: sólo cuarenta y dos años. En vida publicó dos volúmenes poéticos: el *Ismaelillo* (1882) y los *Versos sencillos* (1891), aunque no menos interesantes resultan sus dos poemarios póstumos: los *Versos libres* y las *Flores del destierro*. A ellos deben añadirse

16

los numerosos poemas que sus editores han publicado como *Versos de amor* y *Versos varios*, entre los que figuran todas las composiciones escritas en los años setenta, que aún no han sido objeto del justo reconocimiento y estudio que merecen. Como ensayista, Martí nos ha dejado innumerables páginas deliciosas que configuran obras breves, publicadas por separado (como el sangrante folleto de *El presidio político en Cuba*, de 1871, el ensayo ardoroso sobre *Guatemala*, de 1877) o bien como secciones magistrales de los más importantes periódicos hispanoamericanos del momento: aquí debo citar, entre un sinfín de textos encomiables, su semblanza del humanista venezolano *Cecilio Acosta* (1881), de *Emerson* (1882), de *Oscar Wilde* (1882), de *Walt Whitman* (1887), textos todos ellos repletos de intuiciones, análisis y valoraciones sobre la calidad literaria de tales figuras. Asimismo, debe mencionarse el prólogo monumental que escribió para el *Poema del Niágara* (1882), del venezolano Juan Antonio Pérez Bonalde, un prólogo que es a la vez una obra maestra sobre el pensamiento y la literatura de aquel tiempo. Entre sus múltiples ensayos políticos, alcanza un relieve especial *Nuestra América* (1891), que es un resumen crítico de la historia hispanoamericana y un programa alentador para su porvenir. Obras capitales, también en el género ensayístico, son sus dos *Diarios de campaña*, escritos en 1895, mientras avanza hacia el campo cubano de batalla, los cuales contienen un lirismo, una ternura y una honda comprensión del hombre centroamericano que nos sorprenden por la urgencia guerrera del autor en aquellos momentos decisivos.

La obra de Martí se halla enriquecida por una infinidad de crónicas periodísticas sobre sucesos norteamericanos o de distintos países europeos; crónicas que inauguran uno de los géneros más gloriosos del modernismo hispánico y que, pese a su carácter informativo, se hallan empapadas de altas dosis de lirismo que cristalizan en una prosa poemática de calidad genial. Piénsese, por ejemplo, en *El centenario de Calderón* (1881) y en *El terremoto de Charleston* (1886). A ellas deben sumarse incontables artículos de crítica literaria y artística, además de los cuentos y ensayos cortos que se incluyen en los cuatro números de la revista infantil *La edad de oro* (1889), cuyos textos se deben íntegramente a la pluma martiana.

Menor interés ofrecen sus producciones teatrales, escritas en su más temprana juventud, entre las que merecen destacarse el drama en un acto *Adúltera*, escrito en 1874, y el juguete cómico *Amor con amor se paga*, escrito y estrenado en México en 1875.

Aquí no queda todo dicho sobre su vastísima producción, porque contamos con un *Epistolario* de gran significación no sólo biográfica, sino también literaria, en cuanto que contiene numerosos párrafos sobre la naturaleza, los fines y las leyes del hecho poético; cartas que, por lo demás, ostentan una prosa artística de altísimos vuelos. Apuntes personales, esbozos de obras y juicios filosóficos se hallan diseminados por todos los años de su existencia y poseen un gran valor para comprender su personalidad humana, literaria e intelectual.

Por último, como narrador, Martí nos ha dejado una sola novela, *Amistad funesta* o *Lucía Jerez*, de 1885, que es la que ocupa ahora nuestro estudio y nuestra apasionante lectura posterior.

II. NOVEDAD DEL IDEARIO POÉTICO MARTIANO

El que escribe esto ha dedicado varios años de trabajo investigador a compilar y analizar todos los textos martianos de teoría poética[2], que no son pocos. En efecto, como reconoce Juan Marinello, «no es infrecuente que un poeta discurra sobre la poesía, pero no existe caso en que tal menester sea tan insistente y reiterado como en el de José Martí»[3]. Sus textos de teoría poética no se presentan en la forma programática y sistemática de un extenso manifiesto o tratado: siempre huyó Martí de crear una escuela férreamente organizada en normas y preceptos literarios; lo que encontramos en su inmensa producción es un conglomerado inagotable

---

[2] Véase mi libro *La poética de José Martí y su contexto,* Madrid, Verbum, 1994.

[3] Marinello, J., *José Martí,* Madrid, Ed. Júcar, 1976, 2ª ed., pág. 67.

de meditaciones sobre la naturaleza del hecho poético, sobre los principios por los que éste se rige y sobre las leyes y consecuencias últimas que dimanan de tales principios. Nunca con ánimo de postular una preceptiva, sino con la sola intención de reflexionar sobre su propia tarea creadora y de iluminar a todos los escritores que buscan unos sólidos fundamentos estéticos en esa época de profundas transformaciones en la vida y el arte, en esos tiempos «ruines», en esos «tiempos de reenquiciamiento y de remolde»[4], como él mismo los calificara. De manera que esas piezas maestras de contenido metapoético se hallan dispersas por toda su producción: en efecto, al leer una página suya siempre puede asaltarnos inesperadamente una sentencia de densa sustancia metapoética, que contiene una sabiduría excepcional sobre los secretos del arte literario.

Ahora bien, en medio de esa inevitable dispersión, también es justo señalar que toda su doctrina poética constituye un cuerpo orgánico y articulado, una teoría ambiciosa y máximamente abarcadora que responde a casi todas las cuestiones que el hecho poético plantea. Y lo que destaca de tal doctrina —aparte de su intrínseca sensatez y de sus fulgurantes hallazgos— es la novedad radical que ésta reviste en esa época de indecisión y de adocenamiento que atraviesa la literatura hispánica (en especial, la poesía) hacia los comienzos del último cuarto del XIX. Por tal novedad, por lo que ésta supone en el proceso de modernización de la literatura hispánica, considero oportuno esbozar muy sintéticamente los principios en que tal teoría poética se sustenta.

Ante todo, se impone caracterizar su pensamiento poético dentro de la entera historia occidental de las ideas estético-literarias. En nuestro tiempo contamos con la perspectiva y con los estudios suficientes para establecer un deslinde entre las dos grandes edades de la poética[5]: cronológicamente se situaría en primer lugar la denominada poética clasicista, forjada en la antigüedad grecorromana y reactivada en Europa

---

[4] Cfr. Martí, J., *Obras completas,* ed. cit., t. 7, pág. 225.
[5] Entre tales estudios deben citarse: Wellek, Rene, *Historia de la crítica moderna (1750-1950),* Madrid, Gredos, 1959, 2 vols., versión castellana de

desde la Edad Media hasta la mitad del siglo XVIII, la época del neoclasicismo. En la segunda mitad de este siglo comienzan a fermentar otros ideales estéticos que cuestionan desde la base todos los presupuestos en que se asentaba la rancia tradición anterior: se trata de los ideales románticos, surgidos primeramente en Alemania con el movimiento *Sturm und Drang* y secundado por los románticos más señeros de aquel país (Goethe, Novalis, Hölderlin, los hermanos Schlegel, etc.) y de Inglaterra, para invadir rápidamente otras áreas geográficas, como Italia, Francia, Estados Unidos y, muy tardíamente, el mundo hispánico. Esta tradición radicalmente revolucionaria ha permanecido vigente hasta nuestros días, a pesar de haber adquirido con el tiempo nuevos hallazgos y nuevas aportaciones estilísticas. Hoy, no obstante, nos hallamos insertados en esa tradición romántica que se inauguró hace ya más de dos siglos. Es la tradición del individualismo, de la originalidad; es, por paradójico que resulte a primera vista, la *tradición de la ruptura*, como sabiamente ha apuntado Octavio Paz en sucesivas ocasiones. Frente a la tradición anterior, los románticos y sus herederos han atendido preferentemente a los niveles sentimental e imaginario del discurso poético, desoyendo las exigentes normas de la elocución material del texto, que caracterizaban a la poética clasicista. Frente al fin didáctico-moral que ésta presentaba, los románticos han peraltado el fin puramente estético del lenguaje literario, que en numerosas ocasiones ha contravenido, hasta socavarlas, las leyes morales fundamentales. Primacía, pues, de la estética sobre la ética; primacía también del sentimiento y de la imaginación sobre las leyes ordenadoras de la lógica racional, lo cual ha originado un irracionalismo creciente desde los románticos hasta sus sucesores vanguardistas de nuestro siglo. Y frente a la mímesis objetiva y fiel de la realidad externa, los románticos optan por retratar la realidad se-

J. C. Cayol de Bethancourt. Paz, Octavio, *Los hijos del limo,* Barcelona, Seix-Barral, 1987, 4.ª ed. García Berrio, Antonio, *Introducción a la poética clasicista,* Barcelona, Planeta, 1975. García Berrio, A. y María Teresa Hernández, *La Poética: tradición y modernidad,* Madrid, Ed. Síntesis, 1988. Bousoño, Carlos, *Épocas literarias y evolución,* Madrid, Gredos, 1978.

gún sus emociones y su fantasía subjetivas, una prueba más de su preponderante irracionalismo.

Martí, evidentemente, por sus ideas y por su tiempo, se inscribe en esta revolucionaria tradición romántica. Y esto no sólo por su tiempo, ya que los escritores hispánicos del romanticismo histórico (desde Espronceda hasta Núñez de Arce, desde Larra hasta Gil y Carrasco) no han asimilado aún las raíces más hondas del romanticismo, tal como éstas se manifiestan en los alemanes y en los ingleses desde finales del siglo XVIII. El romanticismo, en cuanto visión del mundo y en cuanto concepción estética, tardó mucho en afincarse en las letras castellanas. Nuestros románticos históricos (a excepción de los tardíos Bécquer, Rosalía de Castro y, antes, del cubano José María de Heredia, entre otros pocos) se enrolaron con muchas reservas en las filas del nuevo movimiento: sus ideas y sus formas expresivas siguen aferradas en buena parte a los principios del neoclasicismo dieciochesco. No en vano ha afirmado Octavio Paz que nuestro verdadero romanticismo lo trajeron los modernistas[6], y en la iniciación de este nuevo movimiento ya resulta indiscutible el protagonismo de José Martí. En efecto, son los modernistas quienes desarrollan decididamente en la literatura hispánica las potencialidades del sentimiento y de la imaginación, quienes profesan a la Belleza —tanto la belleza natural como la artística— el culto supremo; quienes pierden el respeto clasicista por la realidad externa para elaborar un entorno espacial radicalmente subjetivo, fruto de sus personales emociones; son los modernistas, en fin, los que subvierten las leyes lógico-racionales en favor de las asociaciones inconscientes del símbolo.

Por todo ello podemos caracterizar la poética martiana como un ideario estético-literario de genuina filiación romántica, aunque su romanticismo ha avanzado de acuerdo con la evolución de las letras europeas más modernas en su época. Si en el romanticismo germinal aún perduran las vaguedades y los conceptos abstractos propios de la Ilustra-

---

[6] Cfr. Paz, O., *Cuadrivio*, México, Joaquín Mortiz, 1980, 5.ª ed., pág. 28.

ción, de la razón universal físico-matemática, en Martí detectamos una dosis mayor de irracionalismo, que cristaliza en sus brillantes construcciones simbólicas, tal como sucede en la literatura europea más novadora de su tiempo (piénsese, por ejemplo, en la prestigiosa caterva de los simbolistas franceses).

Uno de los principios vertebrales de esta poética romántica de corte simbolista que nos presenta Martí consiste en la concepción de la poesía como una auténtica vocación que determina la entera existencia; una idea que ya se encontraba muy presente en los primeros románticos alemanes, pero que dentro del mundo hispánico resulta tremendamente novedosa cuando Martí irrumpe en nuestra historia literaria. Para el cubano la poesía es apreciada como la forma suprema de conocimiento, por cuanto permite al espíritu la visión más perfecta de la esencia del cosmos, de la analogía sustancial de todos los seres, la cual permanece oculta en la aparente diversidad del mundo terreno. Así lo expresa en uno de los enunciados más rotundos de sus *Flores del destierro:*

> Yo percibo los hilos, la juntura,
> La flor del universo: yo pronuncio
> Pronta a nacer una inmortal poesía[7].

El poeta, frente al científico, es concebido como el sujeto cognoscente más activo y eficaz, ya que pone en ejercicio no sólo el intelecto, sino la totalidad de sus potencias operativas; de esta suerte el poeta no sólo se consagra a una verdad particular, como ocurre en el saber científico, sino a la Verdad esencial del universo, que es sustancialmente idéntica al Bien y a la Belleza. La poesía será para Martí la *ciencia trascendental,* cuya capacidad noética se estima aun superior a la del conocimiento filosófico, ya que éste actúa por la vía del raciocinio, mientras que en la creación poética la esencia universal se manifiesta súbita y luminosa por la vía de la visión: «La ciencia trascendental —escribe nuestro autor durante su primera estancia en España (1871-1874)—, frente a las cien-

---

[7] *Flores del destierro,* en *O. C.,* ed. cit., t. 16, pág. 302.

cias particulares, es la que estudia lo Uno (analogía). Esta ciencia no existe en el orden intelectual humano, porque éste no concibe la verdad generadora de verdades. El que se acerca más a la ciencia trascendental es el genio»[8].

El poeta, por tanto, será el genio, el profeta y el sacerdote de los nuevos tiempos, que han sufrido un proceso de secularización y de pérdida del sentido religioso de la vida humana. Para Martí la vida del poeta consiste en «un amable sacerdocio, una tarea grave, un deber que acarrea gloria»[9]: una vocación, en suma, que compromete todo su existir. En su mente la poesía no será una actividad entre otras muchas, por muy encomiable que resulte, sino un deber de carácter sagrado en beneficio de toda la comunidad de los hombres.

Tal dimensión solidaria de la actividad poética, que para Martí es ineludible, obliga a cumplir la misión de iluminar la existencia humana hacia la Belleza y el Bien, valores absolutos que se identifican con el Uno o divinidad exclusiva del universo. La poesía ha de ser, por tanto, un manantial de sabiduría para la vida del poeta y la de sus semejantes: de ahí que su única fuente de inspiración sea la vida misma en su menudo acontecer biográfico: «Acercarse a la vida —he aquí el objeto de la Literatura: —ya sea para inspirarse en ella; —ya para reformarla conociéndola»[10]. Nada más lejos de una inspiración propiamente libresca, como practicaron otros modernistas, pese a que en toda inspiración libresca siempre subyace una motivación humana y existencial, bien que ocultamente. Para Martí es la existencia concreta, con su imprevisible dinamismo, el hecho que origina el torrente visionario de la inspiración poética. Resulta admirable comprobar cómo en sus poemas el cubano parte explícitamente de una experiencia biográfica, ya sea insignificante o llamativa, para trascender la propia anécdota y remontarse a las cumbres del saber universal, como sucede en el célebre «Pollice verso».

---

[8] *O. C.*, ed. cit., t. 21, pág. 48.

[9] *O. C.*, ed. cit., t. 13, pág. 227.

[10] Martí, J., *O. C.*, ed. cit., t. 21, pág. 227. Respeto la peculiar puntuación martiana, que tiende a realzar los efectos prosódicos del texto. En este sentido, el guión largo expresa una pausa mayor que la coma y el punto y coma.

Aquí el poeta inicia su discurso aludiendo a la dramática vivencia del presidio en las canteras de San Lázaro:

> Sí! yo también, desnuda la cabeza
> De tocado y cabellos, y al tobillo
> Una cadena lurda, heme arrastrado
> Entre un montón de sierpes (...)[11].

Pero enseguida, espontáneamente y sin transición visible, el poeta pasa a enunciar una sentencia universal sobre la condición humana:

> ¡Zarzal es la memoria; mas la mía
> Es un cesto de llamas! A su lumbre
> El porvenir de mi nación preveo.
> Y lloro: *Hay leyes en la mente, leyes*
> *Cual las del río, el mar, la piedra, el astro,*
> *Ásperas y fatales (...)*[12]

En ese constante dinamismo existencial nuestro autor nos sitúa ante la ironía trágica de sus experiencias, ante la percepción de un cosmos fragmentado por la acción destructora del mal; pero luego, mediante las alas de la inspiración poética, que lo llevan a la contemplación de lo Uno, Martí resuelve ese conflicto dramático en una percepción gozosa de la analogía universal. Esta dialéctica entre la ironía trágica y la analogía resolutiva late en casi todos sus textos poéticos y se hace patente de modo especial en esos desgarrados *Versos libres* que acaban de salir a nuestro paso[13].

Y he aquí cómo la consideración de la poesía como vocación omnicomprensiva de la vida nos ha llevado a reconocer en Martí a un poeta de insoslayable dimensión existencial, que inaugura, a tan larga distancia cronológica, toda la vertiente existencial hacia la que confluye gran parte de la poe-

[11] *Versos libres,* edición de Iván Schulman, Madrid, Cátedra, 1982, pág. 98.
[12] *Ibíd.,* pág. 99.
[13] Al desarrollo de esta dialéctica ironía-analogía el crítico José Olivio Jiménez ha consagrado dos estudios imprescindibles: *José Martí, poesía y existencia* (México, Ed. Oasis, 1983) y *La raíz y el ala: aproximaciones críticas a la obra literaria de José Martí* (Valencia, Pre-textos, 1993).

sía hispánica de nuestro siglo xx. Si bien es verdad, en rasgos generales, que en el modernismo la ironía trágica fue más sentida que expresada, más implícita que explícita, se hace justo señalar que Martí no sólo experimenta y alude a esa vivencia dolorosa, sino que la expresa en toda su complejidad y consigue encontrarle un sentido último afirmativo: la forja de la personalidad, que dispone para la contemplación del Bien y la Belleza sumos.

El cubano también es autor de una compacta y minuciosa teoría sobre la inspiración poética, que recoge los hallazgos románticos y los enriquece con el pensamiento estético de los simbolistas franceses, así como con sus personales intuiciones y reflexiones. Desde una perspectiva psicológica, la inspiración para Martí se genera en un sentimiento o emoción creadora, sin la cual la poesía pierde el agente fecundante de su naturaleza: «Lo que importa en poesía es sentir, parézcase o no a lo que haya sentido otro; y lo que se siente nuevamente, es nuevo»[14]. La emoción creadora es, además, el índice de la poeticidad de un texto literario: dando por supuesto que en todo texto de esta índole existe una intención artística que lo distingue de cualquier otro tipo de discurso, Martí es consciente de que no basta que la intención sea literaria (no basta, en fin, la *literariedad* como opción expresiva dentro de las posibilidades de la lengua), sino que el texto estético-literario ha de aspirar a la *poeticidad*, entendida ésta como un índice de calidad dentro de la inicial intención artística. Por tanto, aunque en todos los textos literarios se acuse la *literariedad* como característica propia, no todos esos textos son *poéticos*, por cuanto no todos alcanzan la calidad genial requerida: para ello se hace necesario que, junto a los recursos propios del lenguaje poético, el autor haya sido impulsado por una auténtica emoción creadora.

No por ello Martí cae en la fácil tentación del sentimentalismo, porque su emoción creadora despierta de inmediato a las restantes potencias del alma: la imaginación, la memoria y el intelecto. Bajo el dominio supremo de la

---

[14] *O. C.*, ed. cit., t. 5, pág. 212.

inspiración o emoción creadora, la imaginación se activa con el auxilio de la memoria, para ofrecer al poeta un cúmulo de visiones que de otro modo jamás habría percibido. Y luego, aunque tal distinción cronológica se haga casi inapreciable, el intelecto *carga de idea*, de contenido sapiencial, a ese fenómeno deslumbrante que fue provocado por el sentimiento o emoción creadora. De esta intervención última de la facultad intelectual nos habla el siguiente fragmento: «Es preciso dejar reposar las impresiones. En silencio, hacen su obra y su camino. De este reposo viene el juicio sólido, pleno, seguro. El juicio que sigue inmediatamente a la impresión es inseguro»[15].

Siendo, por tanto, la inspiración poética un fenómeno provocado y activado por el sentimiento, una potencia de suyo irracional, cabe concluir que la inspiración de por sí es una acto irracional del alma, que, sólo a posteriori, reclama el juicio sólido del intelecto. Esta concepción de la inspiración (y, por tanto, de la poesía) como un acto irracional, entendido y expresado así por Martí, resulta eminentemente moderna —contemporánea— y responde a ese proceso creciente de irracionalismo que va minando la creación poética desde los románticos de la primera hora. Lo irracional no brota en Martí en grado sumo: la lógica racional sigue cumpliendo su misión ordenadora, aunque vea reducidos sus dominios. La presencia de juicios explícitos en el poema, la moderación del sentimiento y de la fantasía, la frecuencia de símbolos de realidad (donde la palabra aún conserva su significación convencional); el respeto por la sintaxis gramatical y el respeto aún considerable por la métrica son indicios de que la razón sigue imponiendo sus fueros: habrá que esperar a las vanguardias de nuestro siglo xx para que lo irracional surja con una potencia suprema e irrefrenable.

No conviene confundir tampoco la irracionalidad con la irrealidad, un error en el que incurrieron teóricamente numerosos poetas y críticos de las vanguardias: piénsese en Reverdy, en Huidobro; piénsese en el magisterio estético del mismo Ortega y Gasset, para quien «el poeta empieza donde el hom-

---

[15] *O. C.*, ed. cit., t. 21, pág. 189.

bre acaba»[16]. Para ellos y otros muchos teóricos de la efervescencia vanguardista la poesía debía adjudicarse la expresión de *lo irreal,* la expresión de un mundo nuevo y radicalmente distinto del que nos rodea; como si lo irreal en sí —digo yo— pudiera emocionar a alguien, como si un cosmos esencialmente ajeno al humano pudiera resonar en las fibras del alma. Hoy, gracias a la investigación y al magisterio de Carlos Bousoño, podemos distinguir entre *significación irracional* y *significación irreal o nula,* siendo ésta última inaceptable para cualquier texto verdaderamente poético. Y es que las imágenes del poema pueden desfigurar por completo la apariencia del mundo natural, de la realidad externa, como de hecho ha ocurrido tantas veces en la poesía contemporánea. No obstante, ello no implica que tales imágenes nos hablen de un mundo inexistente, irreal (por lo demás ignorado e incognoscible): lo que sucede es que dichas «imágenes de irrealidad» suscitan en nosotros una emoción que a lo largo del poema intensifica su capacidad significativa. Analizando a posteriori y concienzudamente las imágenes que provocan tal emoción, descubriremos que en el fondo subyace la expresión de una verdad humana, de una posición del yo-poético ante el mundo, ante este mundo nuestro del que nunca podremos escapar[17]. Y es que *lo irreal en sí* —insisto— no puede emocionar a nadie.

Si hemos tenido que esperar a Carlos Bousoño para deshacer científicamente ese maligno engaño de la irrealidad como objeto de la expresión poética, conviene reconocer que ya Martí se había percatado en su tiempo de los peligros que podía acarrear el uso incontrolado de las facultades irracionales, como el sentimiento y la imaginación. Nuestro autor es consciente de que la poesía se encuentra llamada por naturaleza a la expresión de la realidad del hombre y del mundo en el que éste se desenvuelve, ya que el hacer poético consiste no sólo en una encarnación material de la Belleza, sino también en

---

[16] Ortega y Gasset, J., *La deshumanización del arte,* en *Obras completas,* Madrid, Revista de Occidente, 1962, 5.ª ed., vol. III, pág. 371.

[17] Para una explicación exhaustiva de lo que acontece con la significación irracional del texto poético, cfr., Bousoño, C., *Teoría de la expresión poética,* Madrid, Gredos, 1985, 7.ª ed., vol. I, págs. 234 y ss.

una indagación suprema en los secretos más ocultos del universo y de la condición humana: dos fines (el estético y el sapiencial) que son sustancialmente complementarios. De ahí que la poesía no pueda desligarse de nuestro mundo para discurrir arbitrariamente por senderos irreales e inexistentes: lo irracional de su naturaleza no se contrapone a la expresión del mundo real, porque éste es el único objeto de interés para el espíritu humano, y porque sólo de esta manera la poesía cumple su misión bienhechora y constructiva. Así lo proclama en un artículo de 1894 sobre el pintor cubano Joaquín Tejada:

> El mundo es patético, y el artista mejor no es quien lo cuelga y recama, de modo que sólo se le vea el raso y el oro, y pinta amable el pecado oneroso, y mueve a fe inmoral en el lujo y en la dicha, sino quien usa el don de componer con la palabra, o los colores, de modo que se vea la pena del mundo, y quede el hombre movido a su remedio. Mientras haya un antro, no hay derecho a un sol[18].

Se trata ésta de una aseveración rotunda sobre el compromiso social de la poesía, entendido en su sentido más amplio; se trata de un momento en que la mente de Martí se halla especialmente consagrada a los afanes independentistas que precipitarán en la guerra ya inminente. No obstante, la defensa del vínculo entre arte y realidad es una constante de su teoría poética desde su más temprana juventud. El cubano parece avizorar los descarríos de una fantasía sin freno y de un sentimiento vacío de contenido humano; por ello nos previene de continuo ante el escapismo estético, sin que por eso deje de defender las vetas insospechables de la realidad que podemos descubrir con el uso de las potencias irracionales. Lo irracional, en fin, no anula lo real, sino que ha de ponerse a su servicio.

De la supremacía de la inspiración como agente de la creación poética dimana otro principio medular en el pensamiento estético-literario de Martí: la armonía entre la esencia y la forma, una armonía sustancial que sólo se verifica por

---

[18] *O. C.*, ed. cit., t. 5, pág. 285.

virtud de la inspiración creadora; una armonía que, como la inspiración misma, se presenta como condición *sine qua non* de la poeticidad verdadera. Por *esencia* entiende el cubano no sólo lo que la crítica tradicional ha denominado *contenido* o *fondo*, como si se tratara de una materia exclusivamente intelectual. La *esencia* del texto poético, en cuanto que ha sido convocada por el sentimiento creador (inspiración), no se reduce solamente a la *idea* del texto, a su mero contenido inteligible, sino a la idea que ha sido activada y determinada por un estado especial del ánimo, por ese acontecimiento maravilloso de la emoción creadora. Así nos advierte Martí contra un contenidismo didáctico ayuno de sentimiento:

> Alegatos en verso, o resúmenes históricos, o zambumbia erótica, hecha de la melaza de todas las literaturas, no es poesía; sino la flor de nuestro dolor, la chispa de la cólera pública, y el choque vívido del alma vibrante y la beldad de la naturaleza[19].

De modo semejante, la *forma* no es concebida como pura expresión verbal de una idea, y mucho menos como un mero ornato deleitoso y embellecedor de un contenido edificante. La *forma* también ha de ser originada en el mismo acto fecundante de la inspiración y ha de guardar una armonía plena con la esencia, ya que ambas (la esencia y la forma) constituyen una sustancia única e indivisible. Por otra parte, la forma no es tan sólo la elocución externa del texto poético, su cuerpo verbal sin más: la forma, además de esto, abarca también todo el espesor imaginario y afectivo que subyace en el poema o en cualquier escrito de naturaleza poética. Esto nos permite hablar de la conciencia martiana de una *forma interior*, concepto que más tarde será acuñado e investigado rigurosamente por la Estilística. Es ahí, en la forma interior, vertebrada en los niveles afectivo, imaginativo y conceptual, donde se verifica ese consorcio soterraño y decisivo entre la *esencia* (nivel conceptual) y la *forma* (niveles afectivo e imaginativo), aunque ésta última luego se materialice en

---

[19] *O. C.*, ed. cit., t. 5, pág. 224.

una forma *externa* (sintáctica, léxica y fono-acústica), que es lo que primariamente perciben los sentidos.

Ambos principios, la esencia y la forma, que la crítica tradicional ha considerado de modo independiente, como si de dos entidades ajenas se tratase, son concebidos por Martí como dos co-principios fecundantes de una sola sustancia: el texto poético. De la plena adecuación entre los mismos, de la presencia simultánea de ambos en el momento de la inspiración, depende la poeticidad, la calidad artística de un texto literario:

> El lenguaje [hemos de entender el lenguaje poético] ha de ser matemático, geométrico, escultórico. La idea ha de encajar exactamente en la frase, tan exactamente que no pueda quitarse nada de la frase sin quitar eso mismo de la idea[20].

Dentro de la esencia cabe todo lo humano, todo lo que puede ser informado por el sentimiento y ser arrollado por el fenómeno soberano de la inspiración. Martí rotura de esta manera una larga senda para los poetas contemporáneos, que ya ha sido transitada en numerosas ocasiones. Martí deroga el tabú sobre los asuntos antipoéticos y abre las puertas de su escritura poemática a todos los temas dignos de interés para el hombre (lo histórico, lo político, lo social, lo erótico, lo existencial y lo metafísico), siempre —eso sí— que respondan a los requerimientos de la inspiración creadora y no invadan gratuitamente la sustancia del poema. Destrona así nuestro autor todo «artepurismo», todo el catálogo de temas supuestamente «poéticos», e instaura lo que ha dado en llamarse *poesía impura*, en el sentido más sensato y profundo del término: impura no por lo panfletario sino por su apertura incondicional hacia la vida en todas sus facetas. No en vano escribió en su poema programático «Estrofa nueva» que

> Un obrero tiznado, una enfermiza
> Mujer, de faz enjuta y dedos gruesos (...)

---

[20] «Cuaderno de apuntes núm. 9», en *O. C.*, ed. cit., t. 21, pág. 255.

Astiánax son y Andrómaca mejores,
Mejores, sí, que los del viejo Homero[21].

Sería oportuno hacer un breve análisis sobre la incorporación de los recursos de la pintura, de la música y de la escultura a la forma poética, uno de los presupuestos raigales del simbolismo francés que Martí supo asimilar en su propia creación y enseñarlo magistralmente en su teoría poética. En mi libro *La poética de José Martí y su contexto* abordo en pormenor lo que supone la sinestesia moderna cultivada por Martí en la evolución de la poesía hispánica. Basta aquí con aducir un fragmento del cubano donde recomienda ese saludable intercambio entre las artes, que tantos frutos producirá en el modernismo: «(...) el escritor ha de pintar, como el pintor. No hay razón para que el uno use de diversos colores, y no el otro. Con las zonas se cambia de atmósfera, y con los asuntos de lenguaje»[22].

La armonía sustancial entre la esencia y la forma convierte cada texto poético en una entidad individual e irrepetible. En consecuencia, Martí nunca podrá entender el estilo de un autor como un sistema de rasgos expresivos que se manifiesta de un modo formulario y homogéneo en cada obra: en un autor caben tantos «estilos» como textos diferentes hayan salido de su pluma, ya que en cada uno de ellos la inspiración ha actuado de manera peculiar, tanto en lo que respecta a la esencia como a la forma: ambas, al fin y al cabo, son el resultado de ese embrión indisoluble fecundado por la inspiración creadora. De modo que cada esencia sólo puede encarnarse en la forma que naturalmente le conviene, y así «cada emoción tiene sus pies, y cada hora del día, y un estado de amor quiere dáctilos, y anapestos la ceremonia de las bodas, y los celos quieren yambos (...). En el aparato no está el arte, ni en la hinchazón, sino en la conformidad del lenguaje y la ocasión descrita, y en que el verso salga entero del horno, como lo dio la emoción real, y no agujereado o sin los perfiles, para atiborrarlo después, en la tortura del gabinete, con

[21] *Versos libres,* ed. cit. de Iván Schulman, págs. 130-131.
[22] *O. C.,* ed. cit., t. 7, págs. 211-212.

adjetivos huecos, o remendarle las esquinas con estuco»[23].

Toda la obra de Martí es un testimonio acabado de ese vitalismo poético que nunca dejó de predicar: en su poesía, por ejemplo, los versos surgen «convulsos, encendidos, perfumados»[24]; y el entusiasmo contenido de su *Ismaelillo,* materializado en formas estróficas tradicionales, coexiste con sus quebradizos *Versos libres,* donde la sintaxis lógica se deshace imprevisiblemente en encabalgamientos abruptos y cada vez más encrespados; en hipérbatos tan violentos como su experiencia dolorosa, y en cambios subitáneos de ritmo o de registro lingüístico, el cual oscila entre la oratoria más grave y el coloquialismo más ingenuo y primario. Y el mismo autor, unos años más tarde, será capaz de entonar el canto sereno de los *Versos sencillos,* encaramado en una atalaya suprema desde la que contempla el sentido último de su dinámica existencial pasada; canto sereno que encuentra en las estrofas populares su más natural contextura.

No quiero decir, con todo, que ese vitalismo poético le impida ser un «hombre de estilo»: pocos poetas de su siglo lograron un timbre y una partitura tan personales e inconfundibles como los de Martí. Lo que sucede es que tal estilo no es un código minucioso de preceptos, sino un torrente que fluye con paso sereno o atropellado: el «estilo de Martí» sería más bien un conjunto de invariantes expresivas que persisten en todos sus escritos, pero que luego, en cada realización concreta, admiten las posibilidades más insospechadas.

Así, en verso, el estilo de Martí se reconoce, entre otros rasgos, por el acercamiento al lenguaje oral, ya sea en su modalidad oratoria, en el coloquialismo más desenfadado para su tiempo o en las estrofas cantables de sus redondillas y cuartetas. En su prosa todo son sorpresas: ya tendremos ocasión de comprobarlo en la novela que nos ocupa. Ahora bien, no es descabellado proponer un «patrón abstracto» de los moldes formales de sus párrafos en prosa, donde abundan los períodos largos y estructuralmente alambicados, articulados en extensos sintagmas no progresivos; pero donde también po-

---

[23] *O. C.,* ed. cit., t. 5, pág. 191.
[24] «Poeta», en *Versos libres,* ed. cit., de I. Schulman, pág. 141.

demos encontrar, casi siempre al inicio o al final del párrafo, una sentencia breve que enciende la llama de lo que ha de venir o que recapitula con un brillante símbolo todo lo que se ha dicho más arriba.

Como consecuencia última de esa sustancial armonía entre la esencia y la forma del texto poético, Martí llega a postular de la manera más sensata —y, a la vez, moderna— la necesaria americanización de la literatura de su continente. Si bien los románticos habían emprendido la americanización de la *esencia*, abordando temas nativistas, ya fueran legendarios o inmediatamente actuales, Martí percibe que la forma de esa literatura sigue aún sujeta a los moldes estrechos que vienen desde España. La americanización literaria se consumará, en su entender, cuando la esencia y la forma, ambas sustancialmente unidas, revelen los rasgos individuales de su autor y las condiciones ambientales del continente hispanoamericano. Sobre la base de esa convicción teórica, ya veremos cómo el cubano será uno de los maestros de su tiempo más honrados en practicarla.

Maestro de la libertad política y espiritual, también Martí asienta su quehacer literario en el principio radical de la libertad creadora: una conquista del romanticismo que cobrará nuevos bríos y acentos en los simbolistas y sus hermanos modernistas del mundo hispánico. La libertad creativa es necesaria, porque la única sumisión que corresponde al poeta —en el sentido más amplio del término— es la sumisión incondicional a los dictados de la inspiración, que es siempre un acontecimiento personalísimo y que no admite reglas ni preceptos codificados a priori. No es que Martí desprecie por completo la preceptiva literaria clasicista: él echará mano de todos los recursos y figuras retóricas siempre que los necesite. Lo que no reconoce es el carácter normativo de esa férrea preceptiva clasicista: sin dejar de respetar sus hallazgos, los despoja de toda su obligatoriedad como norma del discurso artístico. La hondura de esta convicción le permite afirmar que «las leyes son indudablemente respetables; pero, aunque parezca precepto revolucionario, no deben serlo tanto para quien sabe hacerlas»[25]. Con estas y otras aseveraciones seme-

---

[25] *O. C.*, ed. cit., t. 6, pág. 427.

jantes el cubano nos está proponiendo una *poética de la genialidad*, de estirpe genuinamente romántica, que sustituya a la antigua *poética académica*.

En este sentido, resulta muy interesante aludir (ya quedará ilustrado al comentar nuestra novela) el deslinde que establece nuestro autor entre *retórica* y *oratoria*, dos disciplinas confundidas desde la antigüedad grecorromana y de las que Martí acierta a señalar su diferente naturaleza. Su escritura luce un tono oratorio que nunca empalaga, sino que se yergue majestuoso sobre las posibilidades artísticas de la lengua; y ello es así porque su oratoria no es retórica, académica, reglamentada, sino una oratoria tan creativa y singular como la poesía misma.

La libertad poética lo llevará a proclamar la beneficiosa confusión entre los géneros literarios clásicos, en consonancia con sus predecesores del romanticismo. Los géneros no presentan barreras definidas: la única diferencia que nuestro escritor advierte entre ellos es la que deriva de la posición determinada del autor ante la obra, que de esta manera puede ser lírica, épica o dramática; aunque en la práctica, como de hecho ocurre en Martí, la obra puede aglutinar esos tres ingredientes de diversa naturaleza. Por encima de todos los géneros, en la estimación del cubano, reina la poesía, la poesía lírica, por ser ésta la forma de expresión más directa y transparente que tiene el espíritu. Sobre esto habrá que añadir las observaciones oportunas a propósito de *Lucía Jerez*.

Todos estos principios que vengo señalando ya revelan la intrínseca modernidad de la poética martiana, su volición radicalmente novadora en el panorama literario hispánico de su tiempo. Pero no llegaríamos a percibir la estatura de esa modernidad si no reparásemos por un instante en el hallazgo teórico y práctico del símbolo, que nuestro autor considera como el recurso fundamental de la nueva expresión poética. Sería largo explicar lo que supone el símbolo dentro de ese irracionalismo que experimenta la literatura occidental desde el romanticismo. El símbolo es, por otra parte, la consecuencia literaria de la visión analógica del mundo que triunfa como reacción a la razón físico-matemática del período ilustrado. La cosmovisión analógica, expresada ya por los primeros poetas románticos alemanes y por los filósofos coetáneos de aquel país, se apoya en la convicción de que todo el universo posee una esencia única y de que, por tanto, los distintos seres son meras apariencias diversas de lo que en realidad es una sola sustancia cósmica. Así los seres inertes, los vegetales y animales comparten —aunque en grados inferiores— la misma esencia que el ser humano: estos mismos seres son símbolos del ser humano, y no por una convención cultural (como sucedía con la alegoría clásica), sino por una realidad ontológica que para estos poetas resulta indiscutible. Tal cosmovisión tendrá una consecuencia decisiva en la renovación de la expresión poética, que cristaliza definitivamente en los simbolistas de Francia (con Baudelaire a la cabeza), pero que ha sido anunciada por los románticos más audaces que les preceden. Martí se suma a esta verdadera conmoción de la imaginería poética, que habitualmente deja de emplear la metáfora o la alegoría para sustentarse en la sugerencia inusitada del símbolo. Éste, en lugar de asociarse al objeto real por una semejanza natural que la razón entiende e interpreta —como ocurría en la metáfora—; éste, el símbolo, asocia un objeto o un concepto real a un objeto imaginario sin que exista entre ellos la menor semejanza natural: se trata, sí, de una asociación irracional, inconsciente, del espíritu creativo, que abre innumerables vetas de exploración a la subjetividad humana. De ello es consciente el cubano cuando afirma, con estas u otras palabras semejantes, que «la poesía no es más que la expresión simbólica de los aspectos bellos de la naturaleza»[26]. El símbolo, como imagen nueva, ya no traduce conceptos, como sucedía con la metáfora y los demás tropos tradicionales; el símbolo tan sólo sugiere, y muy ocultamente, una serie de conceptos que el lector en un principio no comprende —aunque se emocione de veras—, porque sólo un concienzudo análisis logrará desentrañar toda la riqueza conceptual de un texto simbólico.

Martí es, sin duda, uno de los primeros escritores hispánicos que se percatan de las posibilidades expresivas del sím-

---

[26] *O. C.*, ed. cit., t. 22, pág. 96.

bolo; entre ellos, Martí será el primer escritor de nuestra lengua que se apoye en el símbolo como elemento nuclear y recurrente de su lenguaje poético. No en vano es él uno de nuestros primeros y grandes impresionistas; no en vano salen de su pluma las construcciones expresionistas más tempranas de la literatura en castellano. Y es que impresionismo y expresionismo no son más que dos técnicas peculiares que derivan del fenómeno simbólico, como tendremos ocasión de comprobar en el texto sugestivo y centelleante de *Lucía Jerez*.

Y, por último, dentro de esta teoría poética radicalmente novadora que nos ofrece el cubano, se hace necesario señalar la identificación entre Bien y Belleza, entre ética y estética, que se verifica en el pensamiento y en la obra misma de nuestro escritor. Y no olvidemos que sobre el pilar de esta identidad entre ética y estética se apoya la creación literaria de todos los modernistas y de casi todos nuestros autores contemporáneos. No obstante, esta identidad adquiere unos matices muy peculiares en el caso de Martí, que serán trazados en el estudio específico sobre *Lucía Jerez*, pues lo que se debate en esta novela es, al fin y al cabo, la posibilidad del consorcio sustancial entre la Belleza y el Bien.

No considero necesarias más observaciones para hacer comprender hasta dónde alcanza el genio revolucionario de nuestro autor en las letras castellanas. Esta pasmosa novedad de su ideario poético se corresponde con una modernidad no menos evidente en su creación literaria; motivos harto suficientes para reconocer en Martí no sólo al iniciador del modernismo sino también al precursor que profetiza las numerosas y variadas tendencias poéticas surgidas ya en nuestro siglo XX.

La modernidad —todo sea dicho— no es de por sí garantía de calidad artística, sólo en la medida en que esa modernidad expresa la vinculación estrecha del autor con la visión del mundo de su tiempo. En el caso de Martí la modernidad teórica y práctica de su estética sí es síntoma de genialidad indudable, ya que él roturó los senderos nuevos de nuestra literatura cuando ésta se hallaba, en gran parte, adocenada en moldes estéticos ya caducos. Como apunta lúcidamente Carlos Bousoño, «no es lo mismo seguir (aunque sea con originalidad) caminos tradicionales que tener que trazar los caminos mismos»[27]. Y ésta es precisamente la difícil empresa que Martí acometió con bravura.

III. «LUCÍA JEREZ» Y LA NOVELA MODERNISTA
HISPANOAMERICANA

En el momento actual contamos ya con una larga tradición de estudios sobre la esencia del movimiento modernista en la literatura hispánica. Tales indagaciones, acompañadas de debates y enconadas controversias, han permitido revalorizar la significación completa del modernismo como corriente estética, al tiempo que han derrocado los viejos tópicos sobre su actitud escapista y su facilona vaciedad de humanismo.

La continuidad y el rigor de los estudios sobre el modernismo realizados desde los años cincuenta hasta hoy también ha puesto de relieve la función capital que desempeñó la prosa en la gestación de este movimiento renovador y aun revolucionario. La prosa de los primeros modernistas, como la de Martí y la de Gutiérrez Nájera, labró unos terrenos expresivos ignorados hasta entonces: ya desde la década de los setenta, el cubano y el mexicano ostentan en su prosa unos recursos estilísticos que poco más tarde serán asimilados por la poesía y que suponen, ya desde el principio, una nueva concepción del lenguaje literario. Esta nueva lengua, pletórica de símbolos en casi todas sus modalidades (sinestesias, desplazamientos calificativos, construcciones impresionistas y expresionistas, etc.) no duda en apropiarse de los instrumentos expresivos de otras artes, como la pintura, la escultura y la música. El lenguaje literario deja de ser así un simple medio de comunicación, por muy exquisito y deleitoso que sea, para convertirse en un *fin en sí mismo* del arte literario. Éste no se concebirá como una mera forma bella que reviste decorosamente un contenido profundo y edificante: ahora

---

[27] Bousoño, C., *Teoría de la expresión poética,* ed. cit., vol. I, pág. 202.

—y, desde ahora, en adelante— contenido y forma se entienden como dos principios generadores de la obra literaria que actúan en íntima y sustancial armonía. Los modernistas, ante la crisis de valores absolutos que experimentan en su tiempo, creerán en la «salvación por la palabra»: y no por un nominalismo escéptico ante las ideas, sino porque la palabra bella, la palabra poética (literaria) es el único medio capaz de transmitir los más altos pensamientos y las emociones más intensas. Fe, por tanto, en la palabra, en la forma perfecta del lenguaje literario.

Es también por la prosa por donde primero asoman los ideales de esta nueva corriente estética y la rebelde actitud vital de sus autores. En esos escritos (crónicas, artículos de crítica literaria, ensayos, cuentos, etc.) de Martí y Gutiérrez Nájera, publicados desde 1875 y aun desde antes; en esos escritos —digo— podemos apreciar una firme toma de posición ante la sociedad burguesa que los circunda y ante los ideales positivistas y cientificistas en los que se asienta dicha sociedad. En ese mundo occidental del último tercio del XIX proliferan la industria y el afán de riquezas materiales; la religión parece haber cedido su ministerio a las ciencias experimentales y a la técnica, por las que el hombre de la época pretende satisfacer sus deseos de bienestar y de felicidad. Los ideales absolutos que habían impulsado al espíritu desde siempre (la Verdad, la Bondad, la Belleza) parecen ponerse entre paréntesis, ya que los nuevos tiempos reclaman la atención hacia objetos muy particulares, hacia satisfacciones pequeñas pero fácilmente perceptibles por los sentidos y asequibles por el dinero.

El artista —y, por tanto, el escritor— experimenta un angustioso sentimiento de vacío ante ese derrocamiento de los grandes ideales. Lo que para el común de los mortales es síntoma de bienestar y de progreso, para el artista y el escritor se torna en una profunda crisis de valores. La literatura modernista no será, por tanto, sino la vía para acceder a esos valores absolutos de Belleza y de Bondad, que los autores del movimiento no aciertan a distinguir realmente.

Pero el artista es también hijo de esa crisis —hijo de la secularización de la vida, de la fe en la razón positivista y técnica, del afán de goce material—; para el artista también se han despoblado los antiguos altares: a él tampoco le sirven los dogmas religiosos de siempre, una vez que la razón (desde el racionalismo del siglo XVII) se ha empeñado en barrenar su autoridad y su poder revelador. En esa época de «reenquiciamiento y de remolde»[28], en ese general «desmembramiento de la mente humana»[29], como enjuiciara Martí, el artista y el escritor no encuentran otros medios para acceder a la Belleza y a la Bondad que los medios precarios proporcionados por la misma sociedad burguesa. Si el escritor modernista tiene que enfrentarse a ellos, no puede tampoco prescindir de ellos: de modo que el goce en los objetos materiales y en los placeres sensuales, generalizados en la sociedad del momento, también será para los modernistas el punto de partida en la búsqueda de la Belleza absoluta. Ya no se trata de una búsqueda religiosa, basada en la fe y en la autoridad divina: el escritor sólo cuenta con los seres del mundo visible —naturales y artificiales— y para colmar esos anhelos infinitos tendrá que sacralizar tales objetos; tendrá que conferir valor sagrado, religioso, a los seres de la naturaleza y a los productos del arte, actitud en la que subyace —conscientemente o no— una visión panteísta del mundo. Los seres de la naturaleza adquieren así un valor sagrado y se les dota de una significación espiritual (simbólica); las obras de arte, en cuanto obras del espíritu, deben ostentar la máxima belleza sensual, para saciar así los deseos de infinito que laten en el corazón humano. La Belleza absoluta deja de residir en Dios —al menos inconscientemente— y a ella sólo se puede acceder a través de los seres de la naturaleza y de las obras de arte más refinadas. El arte —por ejemplo, la poesía— se concibe como la vía más perfecta para gozar de la Belleza suma, ya que el arte es obra del espíritu, y el espíritu es superior, en belleza y en bondad, a la materia. De ahí el derroche de cualidades sensuales y máximamente placenteras que nos presentan los escritores del modernismo, pues sólo por una potenciación de la belleza mate-

---

[28] Martí, J., *O. C.*, ed. cit., t. 7, págs. 225.
[29] *Ibíd.*, pág. 226.

rial el espíritu podrá satisfacer sus anhelos de belleza suma.

Por todo ello podemos afirmar que el modernismo se gesta por un ansia insaciable de ideales absolutos, en contra del materialismo burgués dominante en el entorno, aunque para ello el artista sólo disponga de los objetos materiales que esa misma sociedad burguesa le proporciona: sobre ellos el escritor modernista opera una divinización, una sacralización, para que así la belleza material le conduzca al disfrute de la Belleza suprema. Y como la belleza material se ofrece en una dosis mayor en las obras de arte, el arte (como la poesía) será el culto supremo del espíritu, la nueva religiosidad, la nueva ética: y así la ética tradicional, los imperativos morales objetivos, se ven absorbidos por las normas estéticas. El modernista aspira a la Belleza y a la Bondad, pero ésta se identifica con aquella: si el artista ya no dispone de leyes morales, sino de objetos bellos, sólo cabe conquistar la Belleza, para, desde ella, gozar también del Bien supremo. La ética se hace estética, del mismo modo que el arte se convierte en religión.

Una vez apuntada la esencia del modernismo, como visión del mundo y como movimiento estético, hemos de enfrentarnos a la tarea laboriosa de definir la supuesta novela modernista, entendiéndola como un subgénero histórico específico dentro de la novela. El concepto de *novela modernista* se ha intentado definir con rigor en las dos últimas décadas[30], aunque tales intentos han sido siempre acechados por la amenaza de concebir la novela modernista como un código férreamente estructurado en ideas, personajes y técnicas estilísticas. Por esta razón, algunos estudiosos, como Amparo Muñoz Reoyo, han excluido nuestra *Lucía Jerez* del catálogo de las novelas modernistas hispanoamericanas, por no ajustarse al patrón concreto con que ella entiende este subgénero histórico de la novela. Y no es que los rasgos de la novela modernista que ella aduce sean sustancialmente erróneos: lo que sucede es que algunos de esos rasgos no son más que tendencias dominantes en esta narrativa y no caracteres

---

[30] En la bibliografía que se adjunta el lector encontrará las obras más importantes dedicadas al análisis y a la elucidación de los rasgos comunes de la novela modernista.

comunes a todas sus producciones. ¿Cómo es posible diseñar un código de ideas, personajes y técnicas estilísticas en un movimiento como el modernismo, asentado sobre la convicción inquebrantable de la <u>libertad creadora</u>? Es ella misma la que afirma, al comienzo de su estudio, que «el modernismo no se ceñía a modelos preestablecidos: brindaba una originalidad desplegada tanto en las ideas como en las formas»[31]. Tal exclusión de la novela de Martí se explica por su atención al personaje como eje estructurador de toda la novela. Y es que Muñoz Reoyo tiende a identificar el supuesto *personaje modernista* con el héroe decadente que forjó en Europa Joris-Karl Huysmans en su célebre novela *A rebours* (1883). Y es cierto que gran parte de los protagonistas que desfilan por la narrativa modernista hispanoamericana responden a ese heroísmo decadente volcado a una lucha infructuosa, a una rebeldía que termina en el fracaso y la inacción. Pero la ausencia de un personaje de este tipo no es razón suficiente para negar el carácter modernista de una novela como *Lucía Jerez*, que nos presenta a un protagonista constructivo y esperanzado, el cual, si bien experimenta una tragedia amorosa, no por ello ha fracasado en su ambicioso proyecto humanitario. Por de pronto, baste decir que el modernismo de *Lucía Jerez* no reside tanto en la psicología y en la conducta de los personajes como en las ideas promovidas por el texto y el estilo en que se encarna su discurso: ideas y estilo que se adecuan al modernismo más indiscutible. No veo por qué Juan Jerez y Martí, como autor, hayan de ser personajes decadentes, como si éste fuera el único rasgo que da a una obra carta de naturaleza dentro del modernismo. Ello nos llevaría a pensar en el modernismo como una *escuela*, cuando lo que realmente proclamó, por boca del mismo Rubén Darío, fue una «estética acrática»[32], que podía circular libremente por direcciones muy diversas. Si en poesía son

---

[31] Muñoz Reoyo, María de los Desamparados, *Los personajes en la novela modernista hispanoamericana*, Madrid, Editorial de la Universidad Complutense, 1991, pág. 8.

[32] Darío, R., «Palabras liminares» de *Prosas profanas*, en *Poesía*, edición de Pere Gimferrer, Barcelona, Planeta, 1988, pág. 35.

tan modernistas la voz del apostólico José Martí como la del escéptico Julio Herrera y Reissig, ¿por qué en la novela vamos a reducir el espectro de personajes y restringirlo al modelo del héroe decadente? Volveré, no obstante, a referirme al carácter de Juan Jerez y comprobaremos cómo su cosmovisión no difiere tanto del Alberto Soria de *Ídolos rotos* o del don Ramiro de Enrique Larreta.

Con todo, no pretendo yo desnaturalizar el modernismo y definirlo con la esencia vaga del «espíritu fin de siglo», como varios críticos han pretendido. El modernismo, pese a no ser una escuela, posee, sí, una esencia ciertamente precisa y comprende un período histórico más o menos concreto (1875-1918, podríamos fijar), como he tratado de esbozar en las líneas precedentes. En consecuencia, la novela modernista también cuenta con unos rasgos diferenciales que la apartan de las narrativas realista y naturalista, que también triunfaron por aquel tiempo. Tales rasgos han sido expuestos con rigor y sensatez por Klaus Meyer-Minnemann[33]. Para él la novela modernista hispanoamericana nos ofrece en todos los casos el intento de construir un mundo que represente la realidad contemporánea de esos países; y así, aunque a veces lo que se retrate sea un espacio y un tiempo harto distantes de la Hispanoamérica finisecular, tal supuesto escapismo no es sino un mero ardid narrativo para delinear el mundo contemporáneo del autor y plasmar sus reacciones ante esa realidad que inmediatamente lo rodea, como ocurre, por ejemplo, en *La gloria de don Ramiro*, ya citada, de Enrique Larreta, o en *El Evangelio del Amor*, de Enrique Gómez Carrillo. No cabe duda de que *Lucía Jerez* se adecua plenamente a este rasgo de la novela modernista: basta pensar sin más en el prólogo que escribió Martí para su edición, donde revela las condiciones que debía cumplir su obra por encargo del periódico *El Latino-Americano*. Una de esas condiciones era, precisamente, la ubicación de la acción en un país hispanoamericano. Pero, como comprobaremos al leer la novela,

---

[33] Cfr. Meyer-Minneman, K., «La novela modernista hispanoamericana y la literatura europea del "fin de siglo"», en Schulman, Iván, ed., *Nuevos asedios al modernismo,* Madrid, Taurus, 1987, págs. 246-261.

Martí no se limitó a cumplir con este requisito editorial, sino que su novela consiguió engarzar los distintos elementos que componen la realidad natural, social y humana del país en cuestión, así como los conflictos que dificultan su pleno desarrollo *en el momento actual*: la falta de nobleza ética en los gobernantes, el adocenamiento de los intelectuales, que subordinan su capacidad de reflexión a los intereses políticos de la clase gobernante y al afán de medro personal; la erudición inoperante de los mismos intelectuales, quienes han recibido una formación europea sin atender a las condiciones peculiares de la realidad hispanoamericana. En definitiva: la ausencia de un pensamiento y de una acción que subsane los lastres concretos de esos países; en otras palabras: la carencia de un verdadero compromiso.

Para Meyer-Minnemann otra de las notas comunes de esta narrativa consiste en la concentración del argumento sobre un protagonista, de quien se traslucen todas las vicisitudes de su vida espiritual, tanto de sus rasgos psicológicos como de los deseos y sentimientos que determinan su obrar en cada instante. Pienso que la profundización en la psicología y en la conducta de Juan Jerez y de su prima Lucía constituye, sin duda alguna, el centro de atención de nuestra novela y nos explica suficientemente la trágica vivencia de estos personajes, que aparece retratada en las distintas fases de su actuación y que muestra la honda complejidad de estos caracteres, especialmente el de Lucía. En efecto, el protagonismo singular de ésta la hace acreedora del título de la novela. Si bien es verdad que nuestra obra no presenta a un protagonista único, como *De sobremesa,* de Silva; *Ídolos rotos,* de Díaz Rodríguez, o *La gloria de don Ramiro,* de Larreta, lo que resulta indiscutible es que en Lucía encontramos al personaje que determina el curso de la acción y su trágico desenlace. Los demás, como veremos, se comportan como personajes ciertamente pasivos, aunque no por ello menos interesantes.

La oposición entre el sistema de valores del protagonista y su medio ambiente estrecho y aun mezquino constituye otro de los ragos específicos de la novela modernista. En este sentido cabe puntualizar que el personaje que entra en conflicto con su entorno hostil no es el protagonista máximo de la acción (Lucía Jerez), sino el personaje heroico de Juan Jerez, que, pese a todo, desempeña un papel muy relevante en la novela. Al llegar a este punto, se hace necesario advertir que en nuestra obra, a diferencia de otras novelas modernistas, el protagonista de la acción no coincide con el protagonista «ideológico» o intelectual. Y es que en *Lucía Jerez* existen, al menos, dos niveles argumentales: un metadiscurso sobre la realidad hispanoamericana del momento, que a veces se hace explícito en la novela, y un argumento propiamente amoroso, cada uno de los cuales posee un protagonista diverso (Juan Jerez para el primero y Lucía, su prima, para el segundo). Lo prodigioso y lo singular de esta novela reside en que ambos niveles se hallan confundidos en la trama única de la narración, la cual requiere, por lo tanto, varios niveles de comprensión lectora. Pero esa duplicidad de argumentos y de protagonistas no es óbice para incluir la obra dentro de la narrativa modernista hispanoamericana, a no ser que a ésta se la considere según un único patrón de escuela, que, como hemos visto, resulta muy ajeno a las intenciones y al espíritu de este movimiento literario.

Todas las novelas que se acogen a esta nueva estética coinciden, según Meyer-Minnemann, en la ostentación de un vanguardismo literario o artístico que contrasta con la estrechez y la inmovilidad del ambiente circundante y que se emplea como arma para superar ese retraso. Evidentemente, ni Juan Jerez, el intelectual y el poeta de nuestra novela, ni Ana, la entrañable pintora, responden al prototipo del dandy o del artista decadente, pero ambos se muestran muy conocedores de las novedades literarias y artísticas que surgen en el extranjero (la poesía parnasiana y simbolista, la pintura impresionista...) y —lo que es más— profesan por ellas una extraordinaria admiración. Lo que cabe matizar en este punto es que, si bien tales gustos contrastan con el conservadurismo estético de su país, ni en Juan Jerez ni en Ana el arte novador de Europa y de Estados Unidos es utilizado como arma de lucha *contra* el medio ambiente: tal vez porque ése no sea el fin de la novela ni forme parte sustancial de su mensaje. Ahora bien, la ostentación de un arte exquisito y audaz, tanto en los libros leídos como en la decoración de los interiores, sí que choca con el entorno cultural hispanoamericano. En este sentido, sí podemos decir que *implícitamente* se proclama la novedad del arte como vía de modernización cultural, social y política del país.

Por último, señala Meyer-Minnemann que el empleo laborioso de unos medios de expresión que se ajusten a los fines literarios es otro de los rasgos distintivos de la novela modernista hispanoamericana. El citado estudioso, entre esos modernos medios de expresión, menciona la novedad del léxico y el estilo indirecto libre. No obstante, ya veremos que en la novela de Martí no sólo recurren estos hallazgos expresivos, sino que la audacia de su prosa artística lo conduce también al uso del estilo directo libre y del impresionismo y el expresionismo simbólicos, técnicas que ninguno de los modernistas de la primera hora practicaron con tanta persistencia y genialidad.

Aníbal González, por su parte, subraya que la novela modernista hispanoamericana supuso la conversión del literato y del personaje novelesco en un *intelectual*, en el sentido moderno del término[34]. En tales novelas el autor, bien directamente (mediante la voz del narrador) o indirectamente (encarnándose en un personaje), asume la responsabilidad de un intelectual comprometido, voluntariamente o no, con la realidad de sus países hispanoamericanos, que exigen de él una profunda reflexión o incluso una acción efectiva en la vida política o social. Pese a que en la mayoría de estas obras la labor del artista intelectual concluye en el fracaso y en el escepticismo hacia esos ideales, en *Lucía Jerez* encontramos a un intelectual, Juan Jerez, que profesa un humanismo muy consistente con el que pretende transformar la sociedad de su entorno. Tan honda es su responsabilidad y su pensamiento, que todos los críticos de nuestra novela han visto en Juan Jerez el *alter ego* indiscutible del propio Martí, uno de los intelectuales de su tiempo más afanados en el progreso de la América hispana. Que Juan Jerez no fracase en su empeño tampoco nos debe llevar a rechazar el carácter modernista de

---

[34] Cfr. González, A., *La novela modernista hispanoamericana*, Madrid, Gredos, 1987, págs. 28 y ss.

esta novela: Juan Jerez no fracasa porque su autor tampoco llegó a claudicar en su lucha intelectual-política; Juan Jerez no fracasa porque, además, la finalidad primordial de la novela no es definir el papel y el comportamiento del intelectual en su medio, sino la de contarnos una intrincada relación amorosa.

En cualquier caso, el artista-intelectual se halla presente en la novela y ejerce esta misión con una responsabilidad intachable. Que sea el tema principal o no, es una particularidad de la novela que no excluye en modo alguno su pertenencia al modernismo. Es el mismo Aníbal González quien reconoce que «la primera novela hispanoamericana que se ocupó más directamente del intelectual (aunque aún no había surgido el término), fue también la primera novela modernista: *Lucía Jerez*»[35].

Creo que las razones apuntadas, una tras otra, justifican sobradamente la adscripción de nuestra novela a la narrativa modernista hispanoamericana. Los reparos que se aducen a tal conclusión, como en el caso de Amparo Muñoz Reoyo, provienen en gran medida de un estudio magistral que realizó en 1953 Enrique Anderson Imbert, el primero en abordar críticamente esta narración martiana[36]. Aunque estoy de acuerdo con todas las conclusiones de su análisis, entiendo que muchas de ellas, por un error de concepto, no han sido bien interpretadas por algunos críticos posteriores. En efecto, Anderson Imbert, quien observa en *Lucía Jerez* una multitud de rasgos genuinamente modernistas, señala en un principio otros caracteres que vinculan la novela a la estética precedente del romanticismo: la ubicación en un país paradisíaco (aunque ¿es realmente paradisíaco el país que se nos retrata en la novela?), el contraste entre los personajes (la enferma Ana y la vital Adela; la cándida Sol y la compleja Lucía); la delectación en el tema de las ruinas, que ocupa un emotivo párrafo del capítulo III (pese a que no se trata de una lamentación

---

[35]   *Ibíd.*, pág. 32.
[36]   Cfr. Anderson Imbert, E., «La prosa poética de Martí. A propósito de *Amistad funesta*», en *Memoria del Congreso de Escritores Martianos*, La Habana, 1953, págs. 570-616.

elegíaca, sino de una constatación del paso del tiempo, que se asume aun con cierto entusiasmo); la descripción de las costumbres populares, la enfermedad de Ana, que no es pervertida ni neurótica, sino una enferma moralmente ejemplar; el titanismo de los personajes (yo diría de cuatro personajes: Lucía, Juan, Sol y Ana), que traslucen unos rasgos psicológicos y morales en máximo grado; la lucha social de Juan Jerez, la glorificación del genio artístico, la exaltación de la novela criolla (la *María* de Isaacs y la *Amalia* de Mármol), etcétera.

Ahora bien, a la vista de tales caracteres, que son, sin duda, de estirpe romántica, se hace ineludible una pregunta: ¿son incompatibles estos rasgos con la estética del modernismo? Francamente, he de reconocer que no. ¿Y acaso en otras novelas indiscutidamente modernistas no acuden, si no todas, algunas de estas peculiaridades? Evidentemente, sí: todas ellas pueden presentarse —como de hecho ha ocurrido— en una narración de radical espíritu modernista. Y es que romanticismo y modernismo no son dos estéticas contrapuestas, sino que, muy al contrario, el modernismo es el resultado que el romanticismo experimentó con el correr de los tiempos. Tanto los románticos como los modernistas son esos desarraigados «hijos del limo», esos militantes de la *tradición de la ruptura* a la que Octavio Paz y otros lúcidos estudiosos se han referido con frecuencia a la hora de explicar la modernidad literaria[37]. Casi todos los rasgos románticos apuntados por Anderson Imbert en el célebre artículo citado perviven durante el simbolismo francés y el modernismo hispánico, sólo que sufren la complejidad que la sociedad más moderna les impone. Y esa complejidad superior del modernismo se halla presente en toda la obra de Martí y, por supuesto, en esta novela que nos ocupa. Salvo esa mención de la novela criollista, todos esos caracteres románticos advertidos por Anderson Imbert perduran y aun se intensifican durante el modernismo literario, sólo que con una complejidad mayor y unas formas expresivas indudablemente más avanzadas.

---

[37] Cfr. Paz. O., «La tradición de la ruptura», en *Los hijos del limo*, Barcelona, Seix-Barral, 1987.

Tal complejidad y tales técnicas expresivas quedan patentes en la novela martiana. Por ejemplo, la dualidad de la relación entre los personajes, y la dualidad en el espíritu de un mismo personaje, persiste durante el modernismo y se torna aún más dramática, aunque en este movimiento suele encontrar —eso sí— una síntesis resolutiva, como sucede en el interior de algunos personajes de esta novela (Juan, Ana). Se trata de la dualidad trágica entre la *analogía*, la percepción del cosmos como un todo armonioso, y la *ironía*, la captación de la fragmentación del mundo y de la caótica relación entre sus seres[38]. Esa dualidad trágica aparece ya con los primeros románticos y adquiere en el modernismo una conflictividad aún más aguda.

En efecto, en *Lucía Jerez* los sentimientos de amor y de odio que impulsan a la protagonista no se nos ofrecen con la simplicidad y la vaguedad propias de la novela romántica: aquí esas relaciones afectivas se hallan fundamentadas en un estudio psicológico del personaje que nos hace verosímil la dualidad de tales sentimientos de Lucía. Lo mismo podría decirse de los otros rasgos románticos apuntados por Anderson Imbert, que son perfectamente compatibles con la estética modernista y que en nuestra obra presentan la punzante complejidad de los nuevos tiempos. Por ejemplo, el compromiso del intelectual se plantea y se promulga en la obra ensayística de un modernista tan genuino como José Enrique Rodó, así como en novelas tan representativas del nuevo movimiento como *De sobremesa* o *Ídolos rotos*, por muy diferentes que sean las soluciones políticas y sociales propuestas en cada una de estas obras.

Algo semejante podría decirse del tema de las ruinas, que tanto parece obsesionar al nostálgico José Asunción Silva en su obra poética, al Rubén Darío de las «Letanías de Nuestro Señor don Quijote» o de la «Salutación del optimista». El tema de las ruinas, bien mirado, viene a ser un símbolo de los ideales perdidos y lamentados por los modernistas, quie-

---

[38] Cfr. Paz, O., «Analogía e ironía», en *Los hijos del Limo,* ed. cit. Cfr. también Jiménez, José Olivio, «Visión analógica y contrapunto irónico...», en *La raíz y el ala...,* Valencia, Pre-textos, 1993.

nes con tanta frecuencia se refugian en la solidez ideológica de un pasado remoto o de unos países que parecen conservar intacta su tradición cultural y religiosa (Oriente, Arabia...). El tema de las ruinas simboliza, en fin, el derrocamiento de los valores absolutos y trascendentes que el artista finisecular observa en la sociedad materialista de su entorno. Y no digamos nada de la exaltación del genio, uno de los dogmas capitales de la estética romántica al que los modernistas se aferrarán con una certeza inquebrantable: el artista-genio será para estos autores el único individuo capaz de iluminar la desorientación ideológica que impera en esos tiempos confusos y acerbamente críticos.

Por último, la aparición de personajes locales, como Petrona Revolorio, y la descripción de las costumbres y del espacio geográfico en que se desarrolla la acción poseen, sí, una raigambre romántica innegable, que dista considerablemente del cosmopolitismo ostentoso generalizado en el movimiento modernista. Ahora bien: ni los modernistas llegaron a silenciar por completo la vida de sus países de origen —que aparece retratada en numerosas novelas, aunque sea con un marcado desprecio—, ni en *Lucía Jerez* las costumbres locales y los personajes típicos alcanzan un protagonismo relevante. En este sentido, ¡qué lejos se halla este mesurado costumbrismo de Martí con respecto al localismo de novelas románticas como la *María* de Jorge Isaacs, la *Amalia* de José Mármol o el *Cumandá* de Juan León Mera! Pensemos que en nuestra novela, pese a la delectación en los paisajes naturales y en algunos elementos típicos del país, lo que predominan son los espacios interiores, que, por cierto, exhiben toda la exquisitez de la decoración propiamente modernista. Es en esos interiores donde reside la urdimbre de la acción novelesca y donde se desarrolla casi toda la trama de la obra. Por tanto, si hablamos de costumbrismo en esta novela, debemos hacerlo con la suficiente precaución para distinguirlo del omnipresente costumbrismo romántico.

Vemos así que tales rasgos románticos apuntados por Anderson Imbert no se oponen a los puntales de la estética modernista, dado que ésta encuentra en el romanticismo su origen más inmediato y más puro. Lo que realizará el moder-

49

nismo será la adaptación de esos ideales románticos a la sociedad finisecular, indudablemente más conflictiva, al tiempo que opera una renovación de los recursos expresivos: fenómenos que encuentran cabal cumplimiento en *Lucía Jerez*.

Que a nuestra obra no acudan los personajes decadentes de otras novelas del mismo movimiento no es óbice para excluirla de la narrativa modernista, donde no todos los héroes son personajes decadentes y donde no todos desembocan en el fracaso y el escepticismo: para esto último pensemos, por ejemplo, en *Resurrección* (1912) y *El triunfo de la vida* (1916), del novelista colombiano José María Rivas Groot, o —sin ir más lejos— en *La gloria de don Ramiro* (1906) de Larreta, donde la fe religiosa redime al personaje de su trágica insatisfacción.

Por todo ello puede afirmarse que *Lucía Jerez*, pese a sus evidentes adherencias románticas (que en nada desdicen de la nueva estética), pertenece al subgénero histórico de la novela modernista y contrasta notablemente con los modelos realista y naturalista que coexisten en la narrativa de la misma época. Cuando atendamos a la prosa poemática y simbólica de nuestra obra, no nos cabrá ninguna duda de que nos encontramos no sólo ante la primera novela modernista hispanoamericana, sino también ante una de las más geniales creaciones novelescas de este movimiento, al menos en lo que se refiere a su deslumbrante prosa artística.

IV. EL SURGIMIENTO DE «LUCÍA JEREZ»:
REFLEXIONES EN TORNO A UN PROYECTADO PRÓLOGO

Esta novela que vamos a leer tiene su historia, que es ya bien conocida por todos los estudiosos martianos y que puede ilustrarnos sobre la estimación de nuestro escritor hacia el género de la novela y, más concretamente, hacia esta única novela salida de su pluma.

Gonzalo de Quesada y Aróstegui, albacea literario del maestro, nos ha transmitido los datos fundamentales sobre el surgimiento de *Lucía Jerez*[39]. Nos cuenta que fue publicada por entregas en 1885, en el periódico bimensual neoyorquino *El Latino-Americano*, cuya existencia efímera lo hace hoy prácticamente inasequible en biblioteca alguna. Esa primera edición, la única en vida de Martí, lleva el conocido título de *Amistad funesta* y aparece firmada con el seudónimo de «Adelaida Ral», que consiste en una adaptación encubridora del nombre de Adelaida Baralt. Esta fue la señorita a quien el citado periódico le encargó la redacción de la novela, compromiso que ella traspasó enseguida a José Martí. Concluido el trabajo, éste le abona la comisión correspondiente con un poemita que leeremos al inicio de la obra.

El encargo, en palabras de Martí, exigía que en la novela «había de haber mucho amor; alguna muerte; muchas muchachas, ninguna pasión pecaminosa; y nada que no fuese del mayor agrado de los padres de familia y de los señores sacerdotes» (Prólogo del autor). Nuestro escritor, de ordinario reacio ante la creación novelesca, acepta el ofrecimiento y escribe el relato en el plazo asombroso de siete días. Sabemos por él mismo que el encargo lo abordó «en una hora de desocupación», debido —según cuenta Quesada y Aróstegui— a las discrepancias y tensiones entre él y varios caudillos cubanos que pretendían reiniciar la guerra independentista en unos momentos que Martí juzgaba inoportunos.

El resultado de esta tarea rebasó con creces las exigencias del mencionado periódico y consistió en una novela de alta estatura literaria y de una volición reciamente innovadora en el panorama narrativo hispánico de entonces. Muy consciente de ello debió de ser Martí, ya que años más tarde decide publicarla de modo independiente y con el título de *Lucía Jerez*, que es el que a mi juicio más le conviene. Esta segunda edición, para la cual escribió un sustancioso prólogo, no llegó a aparecer en vida del maestro, y la novela se habría perdido si Quesada y Aróstegui no se hubiera encontrado el

[39] Cfr. Martí, J., *Obras de Martí*, edición de Gonzalo de Quesada y Aróstegui, Leipzig, Editorial Breitkopf und Haertel, 1911, vol. X; cit. en *O. C.*, ed. cit., t. 18, págs. 187-188.

original en la oficina de trabajo de nuestro escritor. Así lo declara su albacea literario:

> Afortunadamente, un día en que arreglábamos papeles en su modesta oficina de trabajo en 120 Front Street —convertida, en aquel entonces, en centro del Partido Revolucionario Cubano y redacción y administración del diario *Patria*— di con unas páginas sueltas de *El Latino-Americano*, aquí y allá corregidas por Martí, y exclamé al revisarlas: «¿Qué es esto, Maestro?» «Nada —contestó cariñosamente— recuerdos de épocas de luchas y tristezas, pero guárdelas para otra ocasión. En este momento debemos sólo pensar en la obra magna, la única digna: la de hacer la independencia»[40].

Esta sería, en síntesis, la historia de la génesis de *Lucía Jerez* y la causa de que haya llegado hasta nosotros. En la edición de 1911, realizada por el mismo Quesada y Aróstegui, ya figura el prólogo que Martí había proyectado para publicar de modo independiente la novela: un prólogo sumamente revelador, que contiene algunas claves importantes para la mejor comprensión de la obra y para el mejor discernimiento de su pensamiento poético sobre el género de la novela.

Martí presenta su relato aludiendo a las circunstancias de su composición y subrayando, ya desde el inicio, el carácter hispanoamericano de la obra:

> En una hora de desocupación, le tentó una oferta de esta clase de trabajo: y como el autor es persona trabajadora, recordó un suceso acontecido en la América del Sur en aquellos días, *que pudiera ser base para la novela hispanoamericana que se deseaba,* puso mano a la pluma, evocó al correr de ella sus propias observaciones y recuerdos, y sin alarde de trama ni plan seguro, dejó rasguear la péñola, durante siete días, interrumpido a cada instante por otros quehaceres, tras de los cuales estaba lista con el nombre de *Amistad funesta* la que hoy con el nombre de *Lucía Jerez,* sale nuevamente al mundo (Prólogo. El subrayado es mío).

Más arriba me he referido al intento martiano de forjar una literatura auténticamente hispanoamericana. El mismo

---

[40] *O. C.,* ed. cit., t. 18, pág. 187.

propósito anima la escritura de esta obra y de las novelas posteriores de otros modernistas. El carácter hispanoamericano, además de ser un requisito del encargo propuesto, adquiere en Martí una significación mucho más profunda: ya hemos comprobado cómo la americanización de la literatura es una exigencia de calidad para todo autor del Nuevo Mundo de habla hispana. El primer paso de este fenómeno se dio con los románticos, pero la americanización auténtica aún no había alcanzado su madurez, pues no sólo se trataba de escribir sobre temas de aquellas tierras (como José Mármol, Jorge Isaacs, el mismo novelista cubano Anselmo Suárez y Romero, autor del *Francisco*, publicado en 1880; etc.): la americanización debía cristalizar también en la *forma*, no sólo mediante el habla localista de los personajes, sino a través del entramado imaginario (metáforas, alegorías, símbolos) y del nivel fono-acústico del lenguaje narrativo, que afecta especialmente al ritmo musical de su sintaxis. Antes de *Lucía Jerez* la novela hispanoamericana se había desentendido del carácter neocontinental de su lenguaje: con *Lucía Jerez* la americanización se consuma tanto en la esencia como en la forma, los dos principios fecundantes del texto literario. Ello no implica un distanciamiento de las técnicas expresivas extranjeras, tan desconocidas por entonces en España, sino una asimilación de las mismas de acuerdo —eso sí— con la esencia y la forma propias del asunto hispanoamericano que se aborda en la novela, como también se cumple admirablemente en *Lucía Jerez*. Así comprobamos que lo patrio y lo cosmopolita no son dos tendencias opuestas en nuestra obra, sino que ambas actitudes hallan aquí una excepcional conciliación, como ocurrirá también en otras narraciones del modernismo, bien que en cada una a su modo.

Como la poesía, la novela martiana ha de tener «raíz en la tierra, y base de hecho real»[41]. De ahí que su novela se nutra de «sus propias observaciones y recuerdos», como hemos leído ya en su prólogo; de ahí también que Martí recurra a sus propias vivencias o a los hechos que de algún modo forman parte de su experiencia vital o son componente sustancial de

---

[41] *O. C.*, ed. cit., t. 5, pág. 191.

su memoria histórica. Veremos que nuestro autor no se conforma con un análisis realista de los hechos, sino que sobre ellos proyecta sus ambiciosos ideales. De modo que su narrativa no desprecia el realismo entonces dominante, sino que lo asume y lo transforma en un producto literario de más altos vuelos.

Y entramos ahora en unas sentencias del prólogo que expresan su estimación hacia el arte novelesco y que, por su rotundidad y su aparente menosprecio del género, requieren unas aclaraciones muy precisas. Leamos:

> El autor [habla de sí mismo en tercera persona], avergonzado, pide excusa. Ya él sabe bien por dónde va, profunda como un bisturí y útil como un médico, la novela moderna. El género no le place, sin embargo, porque hay mucho que fingir en él, y los goces de la creación artística no compensan el dolor de moverse en una ficción prolongada; con diálogos que nunca se han oído, entre personas que no han vivido jamás.

En principio, estas palabras han de ser creídas en toda la verdad que contienen: a Martí, en efecto, no le satisface la creación de un mundo ficticio, ya que su literatura toda va encaminada hacia la mímesis del mundo real, lo cual no obsta para que su espíritu vierta en ella su irrenunciable apetito de ideales absolutos. El realismo —y también el idealismo— martiano no parece admitir, por lo tanto, que la novela sea el medio más saludable para tomar conciencia de la realidad y orientarla hacia su oportuno mejoramiento. Ya Walt Whitman, en el prólogo de sus *Hojas de hierba*, afirmaba una conclusión semejante: «Como los atributos de los poetas del cosmos se concentran en el cuerpo y en el alma reales, y en el placer de las cosas, ellos poseen la superioridad de lo auténtico sobre todas las ficciones y novelas»[42].

Herederos fieles de la tradición romántica más pura, Whitman y Martí reconocen la poesía, la poesía lírica, como la

---

[42] Whitman, W., Prefacio a la edición original de *Hojas de hierba*, Barcelona, Novaro, 1977, 9.ª ed., pág. 36; traducción de Francisco Alexander.

forma suprema del arte literario, ya que es entendida como el camino más directo para la aprehensión de la Verdad (lo Uno, la esencia común a todo el universo, según una concepción ciertamente panteísta). Además, la poesía, al expresarse en un lenguaje de mayor componente irracional, se yergue como la manifestación eminente de la individualidad creadora, porque en ella la subjetividad del autor se despliega en mayor medida que en los géneros restantes. La novela, en cambio, impone al creador la invención de un mundo, de unos personajes y de un estilo que contrastan con la forma espontánea emanada directamente de la inspiración poética. En otros lugares de su obra Martí declara la misma desconfianza hacia el género novelesco:

> ¿Por qué no han de decirse los pensamientos como ocurren en la mente? Esa sería la literatura sincera. Casi todos los libros de ficción son libros falsos e hipócritas. Su forma es dura, porque es forma buscada. *Y hacen indudables servicios, ahora que se han dedicado al análisis del alma.* Pero a la larga, no quedará nada de su obra. Son las novelas como los soldados del ejército mental: acaso son ellos los que ganan la batalla, mas luego, nadie recuerda sus nombres. Son libros de presente. Y, si se puede, han de sacarse del alma libros eternos[43].

Y a través de esta cita conectamos nuevamente con el controvertido prólogo de *Lucía Jerez*, donde nuestro escritor, pese a su distanciamiento de la novela, valora la eficacia humanística de la moderna narrativa de su época, que es «profunda como un bisturí y útil como un médico». Martí, en efecto, no desdeña el valor psicológico que aporta la narrativa realista de su tiempo, que por las fechas de *Lucía Jerez* ya contaba con el riguroso método analítico del naturalismo zoliano. Del mismo modo que Martí aprecia en su justa medida los servicios del positivismo, también estima los beneficios del método naturalista, que ha permitido al creador literario y a su público conocer con más aguda precisión el comportamiento del alma humana y sus reacciones ante el influjo de las pasiones, de la fisiología, de la herencia y del ambiente. Esta mímesis

---

[43] *O. C.*, ed. cit., t. 21, pág. 398. La cursiva es mía.

55

realista del mundo y del hombre no le provoca aversión alguna. Lo que le reprocha al naturalismo es su escepticismo ante la libertad del espíritu y ante los ideales absolutos. El naturalismo ortodoxo que Martí observa en numerosas producciones narrativas de su época sí suscita su indignada repulsa, por cuanto para tales autores de la escuela zoliana la conducta del hombre se muestra plenamente determinada por la fisiología y por el medio, como si el espíritu no contara con la fortaleza suficiente para actuar con libertad y luchar con su medio ambiente empobrecido, según los ideales absolutos que espolean lo más hondo del corazón humano. El realismo naturalista, a su juicio, es un realismo empobrecedor, ya que desconoce buena parte de la realidad del alma: sus potencias superiores, su libertad y sus anhelos de absoluto. Y esta es la razón por la que Martí, sin despreciar sus servicios, desaprueba como nocivo el método del naturalismo ortodoxo, como queda bien patente en el siguiente comentario:

> El naturalismo no viene a ser, en suma, más que el nombre pomposo de un defecto: la carencia de imaginación. Entre los naturalistas, y los que no necesitan serlo, hay la misma diferencia que entre los pintores copistas y los creadores. Una rigurosa deducción del naturalismo da con él en la tierra. Ajustando cerradamente el arte a la teoría naturalista, el pintor que copia su cuadro de Rafael es más gran pintor que Rafael. Y el que dibuja la pata aplastada y cenagosa de un cuerpo, que el que saca al lienzo los volcanes humeantes, llanuras florecientes, abismos agrietados, atmósfera azulada e interminable cielo del alma[44].

En otro lugar declara, ya en concreto, su aversión hacia la concepción narrativa que defiende Zola. Leamos este comentario sobre su novela *Pot-Bouille*:

> El primer capítulo del libro ha causado curiosidad y escándalo, porque desde él comienza ya Zola a sacar a la luz, sin cuidado del decoro de los ojos, inmundicias que deben ser puestas en vergüenza si son regla, porque el mal terrible requiere el remedio terrible, pero que deben ser calladas si no

---

[44] *O. C.*, ed. cit., t. 22, pág. 71.

son más que excepciones, por estar éstas, y haber de estar inevitablemente, sin que su publicidad baste a corregirlas, en la compleja e imperfecta naturaleza humana[45].

La novela naturalista, a tenor de estas palabras, no sólo opera un reduccionismo de la realidad del medio y del alma humana, sino que, con su implacable impudor por retratar las bajezas del hombre, nos obliga a contemplar la realidad «de tejas abajo», sin proponernos el necesario remedio. Martí, en fin, desaprueba el naturalismo por el escepticismo que entraña ante los ideales absolutos a que todo ser humano debe aspirar y por su ausencia de propósito edificante y moralmente positivo.

Ya veremos cómo en *Lucía Jerez* nuestro autor echa mano de los hallazgos realistas y naturalistas para construir con precisión la psicología de los personajes, pero asumiendo siempre el compromiso de realzar los ideales nobles y proponerlos al público lector. De modo que en *Lucía Jerez*, como en otras novelas modernistas, se dan cita las técnicas realistas y naturalistas, pero redimidas por esa ansiedad de ideal y de Belleza que constituye la esencia del modernismo.

Y si Martí —volviendo una vez más a nuestro prólogo— se sentía distante del género novelesco por tener que «moverse en una ficción prolongada», por tener que inventar un mundo y unos personajes, ahora le veremos aún más receloso con respecto a la novela que ha escrito:

> Menos que todas, tienen derecho a la atención novelas como ésta, de puro cuento, en las que no es dado tender a nada serio, porque esto, a juicio de editores, aburre a la gente lectora; ni siquiera es lícito, por lo llano de los tiempos, levantar el espíritu del público con hazañas de caballeros y de héroes, que han venido a ser personas muy fuera de lo real y del buen gusto.

Si bien es cierto que el encargo del periódico *El LatinoAmericano* exigía una novela «de puro cuento», lo que Martí nos ha legado es una bella narración que, sin prescindir de

---

[45] *O. C.*, ed. cit., t. 23, pág. 244.

una historia sentimental apasionada e intrigante, perfora en estratos mucho más hondos de la condición humana y, a la vez, traza las relaciones del intelectual y del artista con un entorno culturalmente empobrecido y socialmente injusto. Por tanto, el párrafo anterior ha de entenderse como un elegante «meaculpismo», que evidencia —eso sí— la modestia y las reservas de nuestro autor a la hora de publicar obras de entretenimiento o de aparente evasión de la realidad social, aun cuando la preocupación social siga asomando por todos los poros. Recordemos en este sentido los prólogos «penitentes» de sus poemarios y comprobaremos cómo el «Pequé, Señor, pequé», que llega a proferir en este prefacio de la novela, responde a las razones aquí apuntadas: se trata, en fin, de un modo muy personal de presentarse al público en estas ocasiones, que en nada pretenden minusvalorar la calidad literaria de la obra en cuestión.

Lo cierto es que la novela no era su género predilecto: el hecho de ser ésta la única y ser el resultado de un encargo lo prueba suficientemente. El recurso a la ficción, inherente en toda creación novelesca, se presenta a Martí como una barrera difícilmente superable. De una parte, por su apego a la realidad (en un sentido amplio, no en el sentido reduccionista del naturalismo); de otra parte, porque Martí es, sin duda, un temperamento eminentemente lírico, cuyo cauce natural de expresión es la poesía, a la que acaba recurriendo siempre: tanto en la novela como en sus numerosas y excepcionales crónicas, en sus artículos de crítica literaria y en su sinfín de ensayos.

Y es que la ficción novelesca exige el desdoblamiento del «yo poético» en personajes diferentes y aun contrapuestos, así como la invención de una historia ciertamente ajena a las vivencias propias del autor, por más que guarde con ellas un inevitable arraigo.

V. NIVELES ARGUMENTALES DE «LUCÍA JEREZ»

En el argumento de nuestra narración he registrado varios niveles, que originan otras tantas dimensiones de significación de esta novela, aunque todos ellos se muestran interdependientes y vinculados a una acción principal que confiere unidad a toda la obra. He aquí la clave de la genialidad de Martí como narrador: su capacidad de enhebrar ocultamente varios metadiscursos en el eje de una historia amorosa intrigante y compleja. De ahí que no se trate de una novela «de puro cuento» ni de una simple aventura sentimental, por muy azarosa y sugestiva que ésta pueda ser.

El núcleo argumental de la novela, su nivel primario y originador de todas las demás significaciones, consiste en una tortuosa y trágica historia de amor entre dos personajes, Juan Jerez y su prima Lucía. La esperada felicidad de esta relación se ve de pronto truncada por la presencia de un tercer personaje, Sol del Valle, que involuntariamente, debido al carácter apasionado y oscuro de Lucía, quiebra la estable relación afectiva entre los amantes. Estos son, sin duda, los tres protagonistas de la acción principal y, por tanto, de toda la novela. De su conducta y de la diversidad de sus caracteres psicológicos depende el curso y el desenlace de esta acción.

Pero tal historia amorosa se halla inscrita en un medio ambiental muy bien retratado por Martí, no sólo en su aspecto físico, sino en la complejidad de su organización social, cultural y política. Y puesto que el autor ha decidido situar su novela en un innominado país hispanoamericano, presentándolo como prototipo de todos los demás países de nuestra América, debemos concluir que su indagación en la fisonomía y la estructura humana del ambiente de la obra supone, a la vez, un análisis muy lúcido de la realidad hispanoamericana de su tiempo.

De modo implícito, esa penetración en la organización social, cultural y política de la Hispanoamérica finisecular se halla latente y se percibe en todos los momentos de la obra. Ahora bien, al comienzo, con ocasión de la descripción espiritual de Juan Jerez, el narrador aprovecha para delinear la posición de aquél ante su entorno ambiental, cuyo retrato aparece esbozado con los rasgos más significativos y con los conflictos más apremiantes. En efecto, se nos dice que Juan «veía en las desigualdades de la fortuna, en la miseria de los infelices, en los esfuerzos estériles de una minoría viciada por

59

crear pueblos sanos y fecundos, de soledades tan ricas como desiertas, de poblaciones cuantiosas de indios míseros, objeto más digno que las controversias forenses del esfuerzo y calor de un corazón noble y viril». (Cap. I, pág. 115.) De esta manera no sólo se nos informa sobre las aspiraciones supremas del personaje, sino que, con unas pocas pinceladas, nos asomamos a las grietas más acuciadoras de aquella sociedad.

Pero el narrador-autor no se conforma con esos trazos maestros, sino que ahonda en la crisis cultural, social, económica y política del país, hasta lograr determinar una de sus causas últimas. Esta no consiste sólo en el deterioro de la clase intelectual, que desatiende su compromiso solidario con el bien común en favor de intereses personales y aun egoístas: la causa de esta crisis, a juicio del Martí narrador, se encuentra en la misma formación del intelectual hispanoamericano, a quien se le da «una educación literaria, y aun ésta descosida e incompleta, que no halla luego natural empleo en nuestros países despoblados y rudimentarios, exuberantes, sin embargo, en fuerzas vivas, hoy desaprovechadas o trabajadas apenas, cuando para hacer prósperas a nuestras tierras y dignos a nuestros hombres no habría más que educarlos de manera que pudiesen sacar provecho del suelo providísimo en que nacen». (Cap. I, pág. 117.)

No es que Martí rechace una sólida formación literaria en el intelectual de sus países, como se deduce por el resto de su diagnóstico: lo que denuncia es, de una parte, una educación exclusivamente literaria (en el sentido peyorativo de *libresca*) en unos pueblos ayunos de soluciones prácticas y de una infraestructura económica adecuada. De otra parte, lo que denuncia el autor-narrador es el sesgo absolutamente europeizante de esa educación literaria, que no responde a las condiciones físicas y humanas de Hispanoamérica; y de esta manera el intelectual de esos países subdesarrollados se encuentra incapaz de aplicarse en las necesidades reales de su entorno, hasta claudicar de todo compromiso y abandonarse a una vida política inoperante, cuando no decide vender su talento al gobernante de turno, a quien respalda sin condiciones en un mandato arbitrario y de ordinario ineficiente.

En el fondo, la causa de esta crisis estriba en el enfrentamiento entre *falsa erudición* y *naturaleza*, como el mismo Martí declarará explícitamente en su célebre ensayo *Nuestra América*, de 1891[46]. Para él la dialéctica fatídica de su continente no radica en la oposición entre *civilización* y *barbarie*, como apuntara Sarmiento, seguido de otros intelectuales del XIX y aun de nuestro siglo XX. Nuestro autor reconoce que el defecto se halla en esa *falsa civilización*, amoldada servilmente a los patrones europeos e incapaz de responder a las necesidades de la naturaleza americana. La barbarie humana, para Martí, no será más que una consecuencia de esa *falsa erudición* radicalmente europeizante. Con esta conciencia se ha formado Juan Jerez, el protagonista, y su labor intelectual se dirige a enderezar este descarrío.

Como vemos, se trata de un análisis de la realidad hispanoamericana que encontrará innumerables resonancias en los escritores de nuestro siglo, quienes interpretan de modo semejante la inoperancia del intelectual y de los órganos del poder.

Tal indagación en la realidad de la América hispana, que debe considerarse como el segundo nivel argumental de la novela, nos ha conducido, sin solución de continuidad, al tercer nivel de este sólido argumento: la misión del intelectual y del artista en esa sociedad en vías de desarrollo, un tema recurrente en toda la narrativa del modernismo, por más que en Martí la cuestión adopte unas soluciones muy particulares con respecto a la novela más ortodoxamente modernista.

En las líneas precedentes creo haber delineado la propuesta de *Lucía Jerez* sobre la labor del intelectual en Hispanoamérica: una labor solidariamente comprometida con las condiciones físicas y humanas de esos países. Ahora cabe reparar en la misión del artista que Martí concibe y expresa a lo largo de nuestro relato. Es evidente que se trata de una novela *artística* en el sentido más restrictivo del término: no sólo por la genial creatividad poética de su lenguaje, sino por las cuestiones mismas que se plantean en la obra. Al poco tiempo de comenzar la narración asistimos a la descripción deleitosa de

---

[46] Cfr. *O. C.,* ed. cit., t. 6, págs. 15 y ss.

esa exquisita antesala donde los jóvenes toman el chocolate; y aquí el narrador-autor aprovecha para proclamar explícitamente la misión ética y humanitaria del arte:

> Mejora y alivia el contacto constante con lo bello. Todo en la tierra, en estos tiempos negros, tiende a rebajar el alma, todo, libros y cuadros, negocios y afectos, ¡aun en nuestros países azules! Conviene tener siempre delante de los ojos, alrededor, ornando las paredes, animando los rincones donde se refugia la sombra, objetos bellos, que la coloreen y la disipen. (Cap. I, pág.. 125.)

Ana, la pintora enferma a la que cuidan generosamente todos los personajes, se nos presenta como un ser extremadamente sensible que vierte en el lienzo las experiencias de su alma buena, así como los ideales que sustentan su esperanza y redimen a los hombres de su maldad. En palabras del narrador, el genio artístico de Ana se ha forjado en el sufrimiento, tal como propugnará Martí en todos los lugares de su teoría poética. Pensando en Ana, el autor-narrador se pregunta por el origen de su singular bondad:

> ¿Dónde había sufrido tanto la pobre niña salida apenas del círculo de su casa venturosa, que así había aprendido a conocer y perdonar? ¿Se vive antes de vivir? ¿O las estrellas, ganosas de hacer un viaje de recreo por la tierra, suelen por algún tiempo alojarse en un cuerpo humano? (Cap. I, página 133.)

Ana profesa esa estética de la sinceridad —como el propio Martí— que se nutre continuamente de sus experiencias vitales, en contraste con cualquier preciosismo de origen libresco. Sin abdicar de su finalidad propiamente estética, Ana pretende extraer lo mejor de su espíritu, de modo que contribuya a la perfección espiritual de sus semejantes: «(...) esos pedazos de lienzo —dice—, por desdichados que me salgan, son pedazos de entrañas mías en que he puesto con mi mejor voluntad lo mejor que hay en mí». (Cap. I, pág. 135.)

Otro de los artistas de la novela es precisamente Juan Jerez, a quien ya hemos contemplado en su faceta intelectual y en la labor humanitaria para con su pueblo. Juan, el *alter ego* de Martí, si no es el protagonista de la obra, es al menos el héroe indiscutible de la misma: héroe por su personalidad y su conducta, que poseen una integridad intachable. Y Juan, al tiempo que intelectual y héroe social, también es poeta, con todo el respeto que a Martí le merece esta condición:

> Poeta genuino, que sacaba de los espectáculos que veía en sí mismo, y de los dolores y sorpresas de su espíritu, unos versos extraños, adoloridos y profundos, que parecían dagas arrancadas de su propio pecho (...). Había en aquel carácter una extraña y violenta necesidad del martirio, y si por la superioridad de su alma le era difícil hallar compañeros que se la estimaran y animasen, él, necesitado de darse, que en su bien propio para nada se quería, y se veía a sí mismo como una propiedad de los demás que guardaba él en depósito, se daba como un esclavo a cuantos parecían amarle y entender su delicadeza o desear su bien. (Cap. I, pág. 119.)

La genialidad poética aparece nuevamente animada por un heroísmo moral del mayor rango: como su propia vida, el arte de Juan también es donación de sí mismo a todos sus semejantes. Sin eludir los sufrimientos que acarrea su labor humanitaria y su responsabilidad social, el Juan Jerez artista nunca adopta una actitud de rechazo hacia su entorno, a diferencia de lo que ocurre con el héroe decadente. Martí, en definitiva, nos está proponiendo un modelo de artista del temple moral más solido y exquisito: la sociedad real que lo circunda, lejos de ser un obstáculo para su personalidad artística, es nada menos que el destinatario de esa belleza y el estímulo de su trabajo creador. He aquí el humanismo afirmativo de Martí, conciliador del arte con el compromiso social. Su postura, si bien contrasta con la de numerosos artistas que desfilan por la narrativa del modernismo, no por ello elude el planteamiento de esa cuestión palpitante de la época: la relación del artista con su medio. Su solución, si no concuerda con las direcciones del modernismo más ortodoxo, sí que conecta plenamente con la actitud de numerosos escritores hispanoamericanos de nuestro siglo. He aquí otra de las claves de su modernidad y de su vigencia.

Y Juan Jerez, el personaje heroico y ejemplar de la novela

es —no lo olvidemos— un intelectual enterizo. Y no se trata de una observación arbitraria, ya que en toda la obra de Martí late esa aspiración tan modernista de conferir al poeta (al artista, en general) una misión intelectual en beneficio de su pueblo. El artista, que capta la Belleza y la Verdad sumas en una época de crisis de ideales, se presenta, ya en esta novela martiana, como un ser idóneo para la reflexión intelectual y para la orientación ideológica —no estrictamente política— de su país. Se trata, sí, de una propuesta generalizada en todo el modernismo, aunque muchas de las novelas de este movimiento terminen con el fracaso de tan ambiciosa tentativa. El talante armónico y constructivo de Martí no es óbice para excluir su novela de este inmenso panorama narrativo que él inició magistralmente.

En *Lucía Jerez*, en medio de su unidad indisoluble de acción y de propuesta ideológica, nuestro escritor ha conseguido engarzar genialmente tres niveles de discurso: el amoroso, el político-social y el intelectual-artístico.

En cuanto novela, en cuanto narración unitaria de los hechos de unos personajes, *Lucía Jerez*, después de una lectura profunda y después de bucear por las honduras de su amplia significación, me ha ofrecido una lección también única, aunque abarcadora de esas tres dimensiones argumentales aquí señaladas. La lección de *Lucía Jerez* es eminentemente amorosa, ya que amorosa es la acción principal que genera toda la novela: ella nos enseña que el amor no puede ser concebido como una posesión, sino como una donación de sí al ser amado y como una disposición generosa hacia todos los semejantes, tal como se cumple en Juan Jerez. La tragedia funesta de la obra se produce precisamente por la concepción egoísta del amor que profesa uno de los personajes principales (ya veremos *quién* será después de la lectura). Pero esta lección amorosa posee una dimensión moral que moviliza las fibras más profundas del espíritu. De ahí que el tema del relato (el amor como entrega) incluya en su seno esos otros dos niveles argumentales. En efecto, el veneno que corroe la realidad humana de Hispanoamérica es la ausencia de solidaridad, la carencia de armonía entre sus distintos grupos sociales: en definitiva, el fracaso impuesto por el egoísmo y la ne-

64

cesidad de un Eros comunitario que subsane las estructuras de esos países.

En el nivel de la misión del intelectual y del artista también se propone un compromiso solidario con la realidad social, que ha de atravesar el dolor y el sacrificio personales en aras del progreso colectivo.

Por tanto, la lección de *Lucía Jerez*, siendo amorosa por su origen y por la naturaleza misma de la novela, proyecta unas resonancias muy amplias que trascienden lo puramente erótico y se remontan a la ética social y a la misión del pensador y del artista.

VI. LA SIGNIFICACIÓN DEL ESPACIO

Como ya sabemos, el encargo del periódico neoyorquino exigía que la novela fuese *hispanoamericana*, en el más amplio sentido de tal cualidad. Martí, en consecuencia, eligió un espacio geográfico y humano que fuese representativo del carácter de nuestra América en aquel tiempo.

Aunque nuestro escritor no alude a ningún país concreto, la profusión de detalles y la consistencia del espacio novelesco nos hacen pensar en un país hispanoamericano que fuese ampliamente conocido por el autor y que hubiera suscitado en él una fascinación admirada y memorable. A Manuel Pedro González y a todos los que conocemos la totalidad de la obra martiana no se nos oculta que se trata de Guatemala[47], país donde vivió un año y medio como profesor de la Escuela Normal Central. A él le dedica en 1877 uno de sus ensayos más fervorosos: Guatemala fue el reencuentro definitivo con la naturaleza de América, con sus costumbres más inveteradas y también con los problemas y limitaciones actuales de los países hispanoamericanos. De Guatemala es la joven hermosa que él inmortalizó en la célebre elegía de los *Versos sencillos*.

La novela rezuma de continuo la vivencia del autor sobre

---

[47] Cfr. González, M. P. «Prefacio» a Martí, J., *Lucía Jerez,* ed. cit., págs. 40 y ss.

el espacio retratado. Este, no obstante, se restringe notablemente a los interiores exquisitos de las casas. Es aquí donde transcurren las escenas que determinan la acción del relato y las conversaciones que originan la sustancia de su consistente enseñanza humanística. El narrador dedica a estos ambientes interiores unas descripciones minuciosas que exaltan la belleza artística de su ornamentación refinada, como sucede con la antesala de la casa de Lucía Jerez (cap. I), decorada con el mobiliario más elegante y con las pinturas y esculturas más modernas de la época. Los libros de las estanterías, lujosamente encuadernados, revelan una afición por la literatura más prestigiosa del momento. Una decoración semejante provoca la máxima delectación del narrador cuando nos describe la casa distinguida donde se celebra la fiesta del pianista Keleffy (cap. III). En el mismo capítulo presenciaremos el refinamiento ornamental del colgadizo de la casa de campo, así como las galanuras que adornan habitaciones y jardines con motivo del luminoso baile final de la novela.

Ya me he referido a la dimensión doblemente estética y ética de estos ambientes preciosistas, cuya belleza dispone la voluntad de los personajes para el ejercicio de la bondad moral. Tales interiores artísticos, aunque se hallen inscritos en el mismo país hispanoamericano, contrastan con la fisonomía localista de sus calles y casas comunes, para hacernos vivir una experiencia cosmopolita de alcance universal. La misma Lucía, en un golpe apasionado de temor, declara a Juan un propósito que, en buena parte, ya se encuentra cumplido: «Yo no quiero que tú veas nada, Juan. Yo te haré en ese cuarto la Alhambra, y en este patio Nápoles; y tapiaré las puertas, ¡y así viajaremos!» (Cap. I., pág. 130.)

Sabemos que los modernistas hispanoamericanos se ejercitaron en una devoción casi religiosa por los ambientes preciosistas de sus casas y de sus lugares de trabajo o de recreo. En algunos casos, como el de Julián del Casal, esa actitud de máximo refinamiento artístico cristalizó realmente en su propia casa habanera. Otras veces son las obras poéticas, narrativas o ensayísticas las que manifiestan esa veneración del personaje modernista por los interiores exquisitos, que se conciben y se sienten como una proyección externa de su ansiedad de belleza y de ideales absolutos y, simultáneamente, como un refugio ante la sociedad conservadora, materialista y hostil, que se considera deplorable. *Lucía Jerez*, en este sentido, no se aparta radicalmente de esta actitud, que en el propio Martí cobra todo el impulso de una pasión. Pero existe un carácter diferencial, en nuestro escritor y en esta novela concreta, con respecto al modernismo decadentista: en nuestra narración la profusa ornamentación de los interiores no constituye un alegato contra la sociedad circundante; no se trata de un rechazo, sino de un refrigerio balsámico para el intelectual y para el artista, que en esas estancias placenteras satisface sus anhelos de absoluto para luego transformarlos en una acción social comprometida y bienhechora.

Tampoco observaremos una oposición entre naturaleza y arte, ya que la descripción del paisaje campesino, durante el viaje de los personajes, no puede ser más agradecida y gozosa. Tal actitud se evidencia aún más claramente cuando leamos que ese paisaje natural se halla armónicamente entretejido con pequeñas ciudades antiguas: en ellas contemplaremos unos edificios en ruinas adornados por la exuberante vegetación que crece junto a las paredes rotas. Naturaleza y arte encuentran aquí una majestuosa complementariedad.

Pero nuestra novela, como casi todas las que se adscriben a la estética modernista, centra su atención en los espacios interiores: ahí se desarrollan las escenas más relevantes y ahí se condensa la belleza en sumo grado. Los objetos naturales o artísticos que ornamentan estas salas preciosistas poseen con frecuencia una significación simbólica, por cuanto traslucen los anhelos y la psicología propia de cada personaje. Por ejemplo, las tazas de coco donde los amigos toman el chocolate están decoradas con motivos animales que simbolizan el carácter de cada uno de los jóvenes. En el caso de Lucía «las asas de la taza (...) eran dos pumas elásticos y fieros, en la opuesta colocación de dos enemigos que se acechan: descansaba sobre tres garras de puma, el león americano.». (Cap. I., pág. 128.) La de Juan luce dos águilas como asas y la de Pedro, dos monos capuchinos (cfr. *ibíd*.). En nuestra lectura nos saldrán al paso distintos objetos que simbolizarán el carácter de los personajes y que contribuirán progresivamente a perfilar su psicología.

Por tanto, ninguna economía ha empleado Martí a la hora de describirnos los ambientes preciosistas que sirven de escenario a la mayor parte de la acción. Tal delectación en esos espacios artísticos contiene una profunda significación simbólica: en ocasiones, nos ilustran la psicología de los personajes y, de ordinario, simbolizan los ideales supremos de Belleza y de Bien que alientan la conducta del héroe novelesco, Juan Jerez, quien actúa indiscutiblemente como el *alter ego* del propio Martí.

VII. LA ESTRUCTURA NARRATIVA

Tres capítulos de distinta extensión constituyen nuestra novela, y cada uno de ellos, como veremos, posee una función propia dentro del relato, lo cual le confiere una variedad amena que enriquece el mundo retratado y otorga a la acción una gran consistencia y una intriga siempre inquietante.

Tal variedad no merma en modo alguno la unicidad de la acción, que en su curso suscita otras acciones secundarias, pero siempre subordinadas a la historia principal para intensificar su verosimilitud. La acción principal consiste en la relación amorosa entre Juan Jerez y su prima Lucía, una relación que evoluciona y adquiere mayor complejidad merced a la intervención de otros personajes, principalmente de la joven Sol del Valle. Esta, subjetivamente, desde la conciencia de Lucía, se nos presenta como una irreductible antagonista, bien que de modo involuntario e inocente.

Las acciones secundarias son textualmente muy breves y su aparición resulta siempre ocasional: surgen espontáneamente al hilo de la narración y se resuelven enseguida, de modo que nunca disminuyen el relieve de la acción principal y rara vez desplazan nuestra atención de la misma. Pensemos, por ejemplo, en la visión retrospectiva de don Manuel y de su hijo Manuelillo, padre y hermano, respectivamente, de Sol del Valle. Aunque tales historias presentan un carácter ciertamente autónomo, su inserción en el relato se halla plenamente justificada una vez que se ha aludido a la enigmática Sol. Por otra parte, las historias de don Manuel y de Manuelillo del Valle contribuyen a delinear con trazos muy precisos el ambiente social en que se desenvolverá la acción principal de la novela. La misma finalidad poseen los incidentes infantiles de Sol del Valle y sus hermanas, que no sólo nos informan sobre el pasado de un personaje central, sino que al mismo tiempo nos ilustran elocuentemente sobre las relaciones entre las distintas clases de la inflexible estructura social de la ciudad de nuestra obra. Como manifestación concreta del espíritu sacerdotal de Juan Jerez, se nos cuenta muy someramente el pleito entre los indios de un pueblo y el gamonal injusto que pretende arrebatarles sus tierras. Pero, evidentemente, se trata de un episodio muy breve que, por otra parte, muestra una conexión muy directa con la acción principal, ya que la marcha de Juan a este pueblo influye poderosamente en el ánimo apasionado de Lucía.

Y ninguna otra acción secundaria interrumpe el curso de la historia principal. A diferencia de la novela realista y naturalista, en *Lucía Jerez* el objeto de la narración se encuentra muy bien centrado y excluye cualquier desvío importante con respecto a la acción que ha originado el relato. El autor ha economizado notablemente su materia narrativa para intensificar el interés de la complicada historia amorosa y reflejar todas sus vicisitudes en un espacio textual muy comprimido. Y es que la novela modernista, en contraste con las escuelas realista y naturalista, propende a la reducción de la extensión textual: si bien intenta trazar el medio que rodea al personaje, el medio no exige una descripción exhaustiva de todos los estratos sociales, sino que con unas pinceladas de densa significación simbólica el narrador expresa las condiciones de esa sociedad y la reacción del héroe modernista ante ella. La novela del modernismo supone un estadio decisivo en la evolución hacia la novela contemporánea, que tiende a eliminar progresivamente la presentación realista y referencial del mundo novelesco para sólo sugerir simbólicamente el estado de la sociedad y del espíritu de los personajes. Y el símbolo implica reducción y condensación significativa en una imagen. *Lucía Jerez* constituye un ejemplo muy representativo de esa manera moderna de novelar.

69

Atendiendo de modo específico a la estructura interna del relato, expondré sucintamente los resultados de mi análisis sobre las técnicas de elocución, la funcionalidad significativa de cada capítulo y el ritmo narrativo de la obra.

El capítulo inicial nos presenta a los protagonistas y nos retrata con detalle una de las salas de la casa de Lucía Jerez, donde transcurre la primera gran escena, mientras los jóvenes toman el chocolate en una tarde de domingo. Se trata de un capítulo eminentemente descriptivo, que nos introduce en la psicología de cada personaje y en su entorno social, aunque la descripción se centre en el ambiente refinado en que se desenvuelven los protagonistas. Tal descripción alterna con el diálogo de los personajes, abundoso y eficazmente revelador del carácter de cada uno. La lentitud del ritmo narrativo responde muy bien a la función introductoria de este capítulo inicial. Según la tipología de Genette[48] sobre las formas de velocidad narrativa, es preciso señalar que en este primer bloque de la novela asistimos a la combinación entre la *pausa descriptiva* y la *escena*. La primera forma corresponde a las mencionadas descripciones de los personajes y del escenario; la segunda refiere la prolongada conversación que aquellos entablan y que sirve como complemento a la descripción psicológica de los mismos.

Sin embargo, a pesar del susodicho carácter introductorio, en este primer capítulo ya comienza a narrarse la acción principal, que surge *in media res*, pues la relación amorosa entre Juan y Lucía se presenta como una situación incoada desde hace tiempo.

El capítulo segundo consiste en una visión retrospectiva de la familia de Sol del Valle, a quien ya se ha aludido dos veces en el capítulo anterior (una justamente al final del mismo) de una forma enigmática, que dota a la narración de una atmósfera intensa de misterio. Nos encontramos ahora ante un capítulo de extensión mucho más breve, cuya función significativa se dirige a informar sobre las vicisitudes de

---

[48] Cfr. Genette, Gérard, «Duración», en *Figuras III*, Barcelona, Lumen, 1989, págs. 144-166; traducción de Carlos Manzano. (La edición original, en francés, es de 1972.)

la familia del Valle y sobre el carácter de algunos de sus miembros. De esta manera el lector recibe un conocimiento muy sustancioso sobre uno de los personajes que van a determinar el rumbo de la acción amorosa. Junto a los momentos propiamente descriptivos del padre de Sol y del hermano mayor de ésta, en el presente capítulo se nos ofrece una narración acelerada de la historia de esta familia, en la que sólo se indican los hechos más sobresalientes. Podemos decir que la narración como forma de discurso se ha introducido plenamente en la obra, que hasta el momento había evolucionado muy lentamente. Tal aceleración del ritmo narrativo, que en muy pocas páginas nos relata unos veinticinco años de la vida de la familia, corresponde a la forma de velocidad narrativa que Genette denomina *sumario*, el cual se hace presente en la novela tradicional siempre que se pretende contar una larga historia en un espacio muy reducido del texto.

En el tercero y último capítulo, notablemente más extenso que los dos anteriores, es donde se nos cuenta la parte más relevante del desarrollo de la acción, así como su inesperado desenlace, con el que aquélla puede darse por concluida, aunque la relación amorosa no haya finalizado realmente. De modo que el desenlace viene dado por un hecho crucial que, no obstante, no alcanza a truncar definitivamente la relación amorosa, ya que en la mente del lector ésta queda abierta a diversas posibilidades futuras.

Sin embargo, contra lo que en un principio pudiera esperarse, este dilatado capítulo no viene a acelerar el ritmo de la acción que comenzó a narrarse en el capítulo inicial. En efecto, la velocidad, como en la parte primera, sigue adoptando las formas de la pausa descriptiva y de la escena, en las que se intercala muy ocasionalmente algún breve sumario de escasa significación en la historia que nos ocupa. Y es que el desarrollo de la acción no se apresura en ningún momento: todo este gran capítulo se compone de una sucesión de *escenas* intensamente significativas de la evolución psicológica de Lucía Jerez y de la creciente complejidad de su relación con Juan. Lo que sí aumenta es, lógicamente, el número de escenas, y éstas suelen ser más breves que la gran escena del primer capítulo. Ahora bien, la voz relatora del narrador no cumple una función protagonista: lo que contemplamos son los personajes actuando por sí solos en distintas ocasiones. El narrador prácticamente se limita a describir los distintos escenarios en que transcurren estos episodios dialogados de gran fuerza dramática, aunque con cierta frecuencia también se detenga a referirnos el estado espiritual y anímico de los protagonistas en los momentos claves. Por esta razón, se diría que su función se reduce a confeccionar las pausas descriptivas, entre las que debemos incluir la narración escueta de acciones habituales de los personajes, que dotan a la acción de un interesante dinamismo; pero, bien mirada, esa narración de acciones habituales se ajusta más bien a la técnica descriptiva.

En lo que se refiere a la evolución de la acción misma, no cabe hablar propiamente de un *clímax* y de un momento anticlimático que propicie el desenlace. En nuestra novela la acción siempre crece en intensidad emotiva hasta alcanzar su cúspide justamente al final. Se trata, sí, de un final «en punta» que viene a consumar la complejidad siempre creciente de la acción. Lo que sí puede señalarse son los momentos de conflicto que vivifican la acción novelesca: el primero de ellos viene dado por la presentación de Sol a Lucía, que realiza la directora del Instituto, momento en el que ya presentimos el comienzo de una situación tensa que altera el estado de la relación amorosa entre Juan y Lucía. El segundo gran momento de conflicto surge también en el capítulo final, cuando el médico aconseja a la enferma Ana una temporada en el campo acompañada de sus amigos: entre ellos no pueden faltar ni Juan ni Lucía, pero tampoco Sol del Valle; la presencia de esta joven en el campo la barruntamos ya como enormemente turbadora del ánimo de Lucía. Y en esa casa rural acontece el tercer gran momento de conflicto, que se nos muestra abiertamente en ese prolongado monólogo interior de la misma Lucía, donde el lector percibe la magnitud de sus celos y la situación extremadamente grave de los protagonistas. Tales escenas pertenecen, lógicamente, al capítulo III, que es el dedicado propiamente al desarrollo de la acción. Por tanto, cabe hablar de tres grandes momentos de conflicto en el curso de la acción novelesca, aunque el *clímax*, el momento máximamente conflictivo, se reserve para el final de la obra, para su mismo desenlace.

En esta sucinta explicación de la estructura narrativa de *Lucía Jerez* no puedo silenciar la sabia utilización de un recurso que se yergue como prueba irrefutable del talento novelístico de Martí: me refiero a esos dispositivos generadores de intriga que jalonan la narración desde el mismo comienzo. Se trata en ocasiones de sentencias inquietantes que, en función de prolepsis, proporcionan a la obra un clima de tensión y provocan en el lector la expectativa de una posible tragedia, la cual se hace tanto más previsible conforme avanza el relato. En otros casos estos recursos de intriga no se presentan explícitamente como prolepsis o anticipaciones del devenir postrero, sino que surgen en la acción como sucesos aparentemente normales. Estos, sin embargo, además de su significación real, poseen una significación simbólica, y es en este segundo nivel semántico donde funcionan como signos premonitorios de una tragedia futura. Añadiré unos cuantos ejemplos que revelen la potencialidad intrigante de estas prolepsis, ya sean explícitas o implícitas (simbólicas, como he dicho).

Al inicio del relato, nada más aludir a esa magnolia que se alza como símbolo de pureza espiritual, el narrador incluye un comentario aparentemente ajeno a la trama, pero que suscita en nosotros la expectativa de una probable tragedia: «El alma humana —dice— tiene una gran necesidad de blancura. Desde que lo blanco se oscurece, la desdicha empieza.» (Cap. I, pág. 111.) Y enseguida, en el curso de la descripción, vamos a tropezar con unos símbolos de realidad que implícitamente avivan la llama de la intriga. Observemos las flores que lucen cada una de las tres amigas:

(...) Adela, delgada y locuaz, con un ramo de *rosas Jacqueminot* al lado izquierdo de su traje de seda crema; Ana, ya próxima a morir, prendida sobre el corazón enfermo, en su vestido de muselina blanca, una *flor azul* sujeta con unas hebras de trigo; y Lucía, robusta y profunda, que no llevaba flores en el vestido de seda carmesí, «porque no se conocía aún en

73

los jardines la flor que a ella le gustaba: *¡la flor negra!*» (Capítulo I, págs. 111-112. La cursiva es mía.)

Como vemos, además de simbolizar el carácter psicológico de cada personaje, la *flor negra* que prefiere Lucía ya nos pone en guardia ante su conducta. Al final de este capítulo, después de haber incluido otras expresiones con función explícita o implícita de prolepsis, el narrador deja la acción en suspenso y (valga la aliteración) en una atmósfera de máximo suspense: Pedro ha nombrado con entusiasmo a Leonor (Sol) del Valle, y Lucía, que nerviosamente se enrollaba un pañuelo en el dedo, queda súbitamente presa del temor:

> —Esa misma, Lucía [aclara Pedro]: pues no es una cabeza ideal [la que aparece ilustrando una revista], sino la de una niña que va a salir la semana que viene del colegio, y dicen que es un pasmo de hermosura: es la cabeza de Leonor del Valle.
> Se puso en pie Lucía con un movimiento que pareció un salto; y Juan alzó del suelo, para devolvérselo, el pañuelo, roto. (Cap. I, final, pág. 136.)

Y así concluye este primer capítulo, que da paso al largo *flash-back* del capítulo siguiente. No obstante, ya hemos tropezado con distintos motivos que incrementan la intriga hasta llegar a este final «en punta» de sublime misterio. El lector tendrá que esperar hasta el capítulo tercero para contemplar el desarrollo de esa acción que ya presume trágica.

En este último gran bloque narrativo se hace recurrente el mismo procedimiento, aunque siempre de modo inesperado y original. Por ejemplo, cuando Lucía y Sol del Valle acaban de ser presentadas por la directora del Instituto, ocurre un doloroso accidente de significación simbólica y premonitoria:

> —Oh, dijo Sol de pronto ahogando un grito. Y se llevó la mano al seno, y se la sacó con la punta de los dedos roja. *Era que al abrazarla Lucía, se le clavó en el seno una espina de la rosa.* (Cap. III, pág. 166. La cursiva es mía.)

Muy avanzada ya la acción, Pedro ha vuelto de una noche

de caza y ha traído un conejo diferente a cada una de las jóvenes: uno «color de humo», manso, para Ana; otro blanco, con una cinta azul al cuello, para Sol. Veamos cómo se nos describe el conejo que regala a Lucía:

> (...) y a Lucía trajo otro, que parecía un rey cautivo, de un castaño muy duro, y de unos ojos fieros que nunca se cerraban, tanto que a los dos días, en que no quiso comer, bajó por primera vez las orejas que había tenido enhiestas, mordió la cadenilla que lo sujetaba, y con ella en los dientes quedó muerto. (Cap. III, pág. 190.)

Creo que con estas calas en las prolepsis o sucesos simbólicos generadores de la atmósfera de intriga que envuelve el relato, el lector podrá entender cabalmente los numerosos casos que apuntan hacia el mismo efecto.

Si atendemos a la temporalidad de la novela, nos percataremos muy pronto de que el uso de esta dimensión narrativa responde muy bien al propósito de la obra. *Lucía Jerez* no nos ofrece ninguna fecha histórica precisa, debido, en gran parte, al temple poemático de su carácter lírico que late o aflora en casi todas las secuencias del texto. En cualquier caso, su función *realista* (en el sentido martiano del término) compromete a la novela con su época y la encuadra en un tiempo histórico que coincide con el tiempo de su escritura en una perfecta sincronía. Por la descripción de Juan y de su ambiente social, que el narrador expone ya en el primer capítulo, sabemos que la acción novelesca transcurre en la época actual del autor:

> Y cuando [Juan] veía que, *como entre nosotros sucede con frecuencia,* un joven de palabra llameante y talento privilegiado, alquilaba por la paga o por el puesto aquella insignia divina que Juan creía ver en toda superior inteligencia, volvía los ojos sobre sí como llamas que le quemaban... (Cap. I., página 116. La cursiva es mía.)

Y por el mismo prólogo ya comentado, amén de otros numerosos pasajes, conocemos que «en una hora de desocupación (...) el autor recordó un suceso acontecido en la

América del Sur *en aquellos días*» (Prólogo. La cursiva es mía).

Lo que tampoco se explicita en el texto es la duración de la acción principal. A través de la lectura percibimos que dicha acción ocupa un espacio de tiempo relativamente corto, que corresponde a un trozo muy breve de la vida de los personajes. Concretamente, la acción principal no se extendería más allá de un año: desde que Sol termina sus estudios en el Instituto hasta el final del relato, donde ésta se halla disfrutando de las vacaciones de su primer curso como profesora del mismo Instituto de la Merced. Tan limitada duración no es óbice para que en ella se desarrolle una acción compleja de gran verosimilitud: la estructuración de la materia narrativa en escenas prolongadas de fuerte pulso dramático, con escasa intervención del sumario o resumen del narrador, otorga a la novela todos los elementos necesarios para impulsar la evolución psicológica de los personajes, especialmente de Lucía, y para reflejar la complejidad creciente de sus relaciones.

Si reparamos en el tiempo interno de la obra, es decir, a la correspondencia entre la cronología real de la acción y la peculiar cronología en que ésta aparece contada, no es difícil comprobar que la novela presenta una narración lineal, cuya acción avanza decididamente desde el principio hasta el final del texto, salvo en el caso de ese gran *flash-back* que acontece en el capítulo II, dedicado exclusivamente al pasado de la familia de Sol del Valle. Ya he señalado la función que cumple dicho capítulo anómalo, cuya excepcionalidad dentro de la novela cristaliza en una velocidad narrativa mucho más alta que la del resto del relato y en un carácter realista-documental donde la voz del narrador ejerce un protagonismo mucho más notorio.

Puesto que la acción de la novela no depende tanto de los hechos o circunstancias externas como de la psicología de cada personaje, el autor-narrador no se ha interesado en precisar los datos cronológicos. Esto lo lleva a incurrir en algunos errores a la hora de organizar coherentemente las escasas referencias cronológicas que se ofrecen en el texto. Por ejemplo, al comienzo del capítulo II advierte que los hechos ahí contados ocurrieron «como veinte años antes» de la acción principal que se acaba de interrumpir; pero, pocas líneas más abajo, el mismo narrador apunta que «hacía veinticinco años a la fecha de nuestra historia» (Cap. II, pág. 139) cuando se produjeron los sucesos de esta visión retrospectiva.

Y una vez que he expuesto brevemente los resultados de mi análisis sobre la estructura narrativa de la obra, el lector ya se habrá apercibido de que nos encontramos ante una novela donde, más que los hechos y las circunstancias externas que los estimulan, lo que cuenta de verdad es la *psicología de los personajes*, que se vierte en sus abundantes coloquios y en las introspecciones del narrador. Se trata, en efecto, de una «novela de personajes», razón por la que me inclino a elegir el segundo título ideado por Martí: el de *Lucía Jerez*, ya que ésta se presenta como la protagonista absoluta del relato y como el objeto principal de indagación psicológica.

Una novela de personajes y una novela *de lenguaje*, como veremos muy pronto, pues el lenguaje mismo, tanto el de los personajes como el de la voz narradora, ha sido, sin duda, otra de las preocupaciones primordiales del autor y la clave más importante de la genialidad de esta obra. Creo que son estas dos dimensiones (la construcción psicológica de los personajes y la elaboración de una prosa artística de gran calidad poética) las que caracterizan formalmente toda la narrativa del modernismo, en la que *Lucía Jerez* ocupa una posición inaugural y una de las más señeras en toda la novelística de este movimiento.

VIII. La construcción de los personajes:
    realismo e idealismo

Después de lo que acabo de exponer sobre la capitalidad de los personajes en la significación de nuestra novela, las consideraciones que siguen quedan muy bien justificadas. No obstante, puesto que a los personajes me he referido ya en numerosas ocasiones, el presente apartado debe ceñirse a los rasgos esenciales que hasta ahora no han sido explicitados.

Al observar el modo martiano de construir sus personajes

novelescos, tropezaremos con dos actitudes que, a su vez, dan lugar a dos binomios esencialmente interconectados. De una parte, apreciaremos la importancia del sólido componente autobiográfico, el cual se conjuga con una dosis inventiva tan eficaz, que el resultado es una *vida novelesca* perfectamente diferenciada de la vida del autor. Tal entrelazamiento entre *biografía* e *invención* lleva parejo otro binomio que explica las dimensiones de los personajes de *Lucía Jerez*: se trata de la perfecta compaginación entre el realismo y el idealismo de estos personajes novelescos.

Si para Martí «la poesía ha de tener raíz en la tierra, y base de hecho real», tal convicción también se cumple con creces en esta novela, que casi siempre rezuma un lirismo poético muy exquisito. En la realidad está, pues, la *raíz* de todos los personajes que desfilan por la obra. En el comentado prólogo confiesa el autor que «Juan empezó con mejores destinos que los que al fin tiene, pero es que *en la novela* cortó su carrera cierta prudente observación, y hubo que convertir en mero galán de amores al que nació en la mente del novelador dispuesto a más y más altas empresas (...)». (Prólogo. La cursiva es mía.) De modo que el Juan de nuestra novela no es el Juan que el autor esbozara en un principio, lo cual evidencia el alto grado de invención y de autonomía que la obra guarda con respecto al acontecer real. No se dice que Juan existiera realmente, pero sus rasgos nos hacen pensar, sin duda, en el propio Martí, sobre el que éste mismo construyó un personaje ciertamente distinto e independiente.

Lo que el prólogo sí asegura enseguida es que «Ana ha vivido. Adela también (...). Pero ni a Sol ni a Lucía ha conocido de cerca el autor. A don Manuel, sí, y a Manuelillo y a doña Andrea así como a la propia directora». A raíz de estas declaraciones cualquier conocedor del carácter y de la biografía de José Martí puede afirmar que se trata de personajes inspirados en individuos muy concretos de la vida real del autor, como reconociera hace ya muchos años Manuel Pedro González[49].

[49] Cfr. González, M. P., «Prefacio» a Martí J., *Lucía Jerez*, ed. cit., página 40 y ss.

De la identificación psicológica de Juan Jerez con Martí no cabe, insisto, la menor duda. Ya tendremos ocasión de leer en la novela la introspección minuciosa del narrador en el alma grande de este héroe. Ahí, entre otras cosas, nos dirá: «Llevaba Juan Jerez, en el rostro pálido, la nostalgia de la acción, la luminosa enfermedad de las almas grandes, reducida por los deberes corrientes o las imposiciones del azar a oficios pequeños; y en los ojos llevaba como una desolación, que sólo cuando hacía un gran bien, o trabajaba en pro de un gran objeto, se le trocaba, como un rayo de sol que entra en una tumba, en centelleante júbilo». (Cap. I, pág. 115.) Con estos breves trazos ha quedado definida también el alma de Martí, tal como se nos aparece en su vasta y coherente producción literaria. Al menos se trata del Martí que él quiso ser: un enamorado del Amor, del Uno, esencia metafísica del cosmos; un enamorado de lo grande y también de lo pequeño de este mundo, en cuanto que es símbolo del gran Uno y en cuanto que dispone al alma para las magnas obras, que sin duda realizó Martí con su pluma y con su vida.

Juan es, en fin, el *alter ego* indiscutible del autor-narrador de la novela. Ana, que «ha vivido», como reza en el prólogo, ha sido identificada por Manuel Pedro González con la homónima y querida hermana de Martí, quien poseía un talento distinguido y una selecta sensibilidad artística, encauzada, como en la Ana de la novela, hacia la pintura. La Ana real murió de tuberculosis en 1875, en México, antes de que su hermano regresara de la deportación[50].

Sol del Valle, a quien el autor —según dice— «no conoció de cerca», parece haber sido inspirada en María García Granados, la célebre «Niña de Guatemala» a quien Martí dedicará una de las más fervorosas elegías de sus *Versos sencillos*. Esta era hija del presidente de aquel país, Miguel García Granados, y fue alumna de nuestro autor en la Escuela Normal Preparatoria de la capital guatemalteca. Si el poema nos dice que «murió de amor», tal vez fuera por el matrimonio inesperado de Martí con Carmen Zayas Bazán, a quien González rela-

---

[50] Cfr. González, M. P., *op. cit.*, pág. 43.

ciona con Lucía. Sol del Valle, en cualquier caso, es la plena hermosura física en la que se encarna la bondad o hermosura moral, según el prototipo ideal de la mujer romántica y también de la mujer modernista, como también sucede con la angelical Helena que seduce al protagonista de *De sobremesa*, de José Asunción Silva. Sol es, en efecto, la mujer ideal de Martí, quien, por boca de Juan Jerez, se atreve a retratarla en la novela. Así sucede cuando Juan conversa con Lucía y le confiesa:

> En la mujer, Lucía, como que es la hermosura mayor que se conoce, creemos los poetas hallar como un perfume natural todas las excelencias del espíritu. (Cap. III, págs. 167-168.)

Y esa mujer acreedora de la máxima belleza y de la máxima bondad en este mundo terreno es, sin duda, Sol del Valle.

En el mismo capítulo, poco después, el autor-narrador apunta un rasgo psicológico de Sol que, en un principio, puede juzgarse como un defecto: «Era Sol como para que la llevasen en la vida de la mano, más preparada por la Naturaleza para que la quisiesen que para querer, feliz por ver que lo eran los que tenía cerca de sí, pero no por especial generosidad, sino por cierta incapacidad suya de ser ni muy venturosa ni muy desdichada. Tenía el encanto de las rosas blancas. Un dueño le era preciso, y Lucía fue su dueña». (Capítulo III, pág. 176.) Pero enseguida advertimos que se trata de uno de los atributos más preciosos de la feminidad, según el entender romántico-modernista que comparte Martí. Para él, en éste y en otros muchos pasajes de su obra, la belleza de la mujer viene a ser una especie de objeto de culto, de Eros *pasivo* que se entrega a quien la solicita. Lucía, por el contrario, se nos muestra como un ser imperfecto que progresivamente se pervierte por esa ansia desmedida de posesión, por su conducta activa y apasionadamente interesada con respecto a su amante. Parece que Martí nos propone un prototipo de bondad femenina basado en la falta de intenciones y de iniciativas personales, en la donación generosa hacia todo el que la ama.

El personaje de Lucía, que es, indudablemente, el protagonista absoluto de la novela, aparece construido con una complejidad psicológica que nada puede envidiar al rigor analítico de la novela naturalista. Ya en el primer capítulo el narrador nos la presenta mediante una introspección muy reveladora de su psicología individual. Pero ahí no se estanca definitivamente su retrato, sino que a lo largo de toda la acción el lector contempla una evolución degradante de su personalidad, a diferencia de los otros caracteres, en los que no se aprecia ese dinamismo interno según avanza el relato. Lucía, sí: desde esa descripción inicial hasta el final de la obra asistimos a un dominio creciente de sus pasiones, que debilita el imperio del espíritu, donde reside la bondad. Esa es la clave de su perversión moral y la causa absoluta de la tragedia. Las distintas escenas y los monólogos interiores de este personaje transparentan, como en ningún otro caso, su mordiente batalla interior, al tiempo que nos advierten sobre el trágico final. Éste, en efecto, no depende de un destino trascendente y ciego, sino de la perversión moral de esta protagonista absoluta.

Y una vez que he diseñado muy someramente el esbozo psicológico de los tres protagonistas (Juan, Sol y Lucía), y una vez que he señalado el protagonismo absoluto que compete al personaje cuyo nombre da título a la obra, no es difícil representar la función de cada uno de estos individuos en el triángulo amoroso que precipita la acción novelesca: si Lucía es la indiscutible protagonista, Sol se convierte —de un modo involuntario y bajo la percepción subjetiva de Lucía— en la imponente antagonista de la obra; mientras que Juan es, sin duda, el objeto que ambas parecen disputarse (una activa y otra pasivamente). Los demás personajes desempeñan la función de adyuvantes en esta intrincada relación amorosa.

En efecto, ni Ana ni Adela ni Pedro Real deciden el curso y el desenlace de la historia, sino que propician su complejidad y estimulan el surgimiento de situaciones de conflicto. Todos ellos aparecen retratados con rasgos suficientemente individualizadores. Casi todos ellos, incluidos don Manuel del Valle, doña Andrea, Manuelillo, la directora del Instituto y el pianista Keleffy, arraigan en personas reales que se hicieron presentes en la vida del autor.

Adela, según Manuel Pedro González, parece estar inspirada en otra hermana de Martí, de carácter más frívolo e inestable. Don Manuel tendría su origen en el padre del autor, don Mariano Martí, así como doña Andrea sería el correlato novelesco de la madre de Martí, Leonor Pérez. Manuelillo y el pianista Keleffy, cuyos rasgos psicológicos aparecen trazados con suficiente minuciosidad, representan distintas facetas de la vida del escritor: en Manuelillo reconocemos al joven revolucionario que es deportado a España, y en Keleffy late, sin duda, el fracaso matrimonial de Martí[51]. Los dos personajes psicológicamente más mediocres se encuentran en la pareja formada por Adela y Pedro Real, un amante más superficial y donjuanesco, ciertamente egoísta, que contrasta con el heroísmo espiritual de Juan Jerez.

Apunta el ya citado profesor González que Ana y Sol son los dos personajes más idealizados de la novela, lo cual exige una matización aclaratoria. Se trata más bien de personajes *ideales*, en cuanto representan las cotas sumas de bondad y de belleza a las que puede acceder el ser humano. Pero ello no va en detrimento del realismo ni mucho menos de la verosimilitud de la obra, una vez que aparecen construidos y descritos con unos rasgos psicológicos harto precisos e individualizadores. Y eso sin tener en cuenta su probable origen en personajes reales, extraliterarios, de la vida de Martí. Ana, por ejemplo, que por su bondad parece ser la encarnación de un espíritu celestial, da pruebas muy elocuentes de conocer los abismos del alma humana. Su grandeza moral proviene, no de un ensueño vago del autor, sino de un continuo proceso de ascesis interior que purifica al alma de los más bajos deseos. Así nos lo confirma este personaje tan excelso y, a la vez, tan sabedor de la conducta habitual de sus semejantes:

> —De fieras, yo conozco dos clases, decía una vez Ana: una se viste de pieles, devora animales, y anda sobre garras; otra se viste de trajes elegantes, come *animales y almas y anda sobre una sombrilla o un bastón. No somos más que fieras reformadas.* (Cap. I, pág. 133. La cursiva es mía.)

---

[51] Cfr. González, M. P., *op. cit.*, pág. 46.

Algo similar habría que decir de Sol, aunque ésta no da muestras de poseer la profunda sabiduría moral de Ana.

Por todo ello cabe concluir que aquí realismo e idealismo no coexisten como dos actitudes contrapuestas. El idealismo de los personajes responde a ese empeño martiano de crear literariamente un mundo real y, al mismo tiempo, edificante. Sus personajes se hallan insertos en nuestro mundo, conscientes de los avatares de la historia, pero se sienten impulsados (salvo en los casos más llanos de Adela y Pedro Real) a la conquista de los ideales absolutos que el corazón humano ansía. Lucía no se aparta de este propósito, aunque la reducción de su poder espiritual por el imperio absoluto de las pasiones la haga transitar por un sendero equivocado y, a la postre, funesto.

Otra clave de la maestría novelesca de Martí se halla en la capacidad de desdoblar su *yo real* en varios personajes (Juan Jerez, Manuelillo, Keleffy), lo cual supone un notorio distanciamiento de su biografía para inventar un mundo novelesco autónomo, aunque en perfecta consonancia con el suyo.

IX. EL AUTOR Y EL NARRADOR DE LA NOVELA

El título de este breve apartado pretende insinuar que la voz y el mensaje del narrador de la novela se identifican plenamente con los del autor, José Martí, de modo que es imposible establecer un deslinde entre ambos, como ocurre en casi toda la narrativa del siglo XIX, incluida la modernista. Dentro de esta última encontraremos una excepción muy notable en la novela de Silva, *De sobremesa*, donde en numerosas ocasiones la óptica del narrador-protagonista, José Fernández, no coincide con la del autor real de la obra. Se trata, sí, de una actitud muy moderna para su época en lo tocante a la perspectiva del narrador novelesco.

En *Lucía Jerez* escucharemos la voz de un narrador omnisciente que conoce de lleno el mundo interior de cada personaje y el mundo externo en que éstos se desenvuelven. El autor-narrador contempla los personajes y los hechos desde arriba, desde un puesto privilegiado de conocimiento. A ello

un narrador omnisciente

83

se añade el carácter subjetivo con que describe los objetos y cuenta los asuntos: me refiero a la dicción lírica, impresionista o expresionista, que permea todo el discurso del narrador y lo empapa de una omnipresente subjetividad, no sólo de contenido sino también de lenguaje.

Como contrapartida, he de reconocer que ese narrador omnisciente ha cercenado su protagonismo de un modo muy acusado. Basta pensar tan sólo en el predominio de la *escena* a la hora de transmitir los sucesos que entretejen la acción. Como ya he señalado, a excepción del capítulo II, son los personajes, con sus propias voces, articuladas en extensos diálogos, quienes representan directamente la evolución y el dinamismo de la acción novelesca. Son ellos también quienes expresan personalmente sus opiniones y convicciones más profundas, las cuales van conformando el mensaje moral de la novela. De modo que éste no es patrimonio exclusivo del narrador, sino que es ampliamente compartido por todos y cada uno de los personajes. Como ya he apuntado, la voz del narrador (salvo en ese anómalo capítulo II) se limita prácticamente a las secuencias de *pausa descriptiva*, lo cual sitúa a la obra en una cercanía muy estrecha con respecto a la novela contemporánea.

Con lo dicho no nos sorprenderá que el narrador principal nos hable en tercera persona, ya que su figura permanece al margen de la acción. Ese distanciamiento del narrador hacia la historia contada se refleja, por ejemplo, en el uso ocasional de comodines narrativos, que son herencia de la novela tradicional y que aún siguen vigentes en la novela realista coetánea y posterior a esta obra de Martí. Tales alusiones del narrador a la disposición de su propio discurso orientan al lector sobre el orden de los acontecimientos relatados («Y ya hemos visto en los comienzos de esta historia que estaba Leonor a punto de salir de él [del colegio]», cap. II, final, pág. 154), o bien sirven para indicar un cambio de escena («Y volvemos ahora al pie de la magnolia», cap. III), o bien simplifican la descripción y justifican la omisión de algunos elementos innecesarios, como se evidencia en el siguiente ejemplo: «El cochero es Pedro Real, que lleva al lado a Adela; en la imperial, Juan y Lucía; adentro, con la gente mayor, que es muy respetable, *pero no nos hace falta para el curso de la novela*, Ana sentada entre almohadas (...)». (Cap. III, pág. 185. La cursiva es mía). Se trata, como vemos, de la pervivencia de un recurso muy frecuente en la novela tradicional, cuya lógica racional impele al narrador a incluir estas acotaciones que clarifiquen al lector la situación espacio-temporal de cada suceso narrado. En *Lucía Jerez* este procedimiento aparece restringido a unos pocos casos muy justificados, ya que la tendencia habitual del narrador es la de eliminar tales nexos y señales referentes a la organización de su propio discurso, lo cual revela una firme tentativa de renovar los mecanismos narrativos de la época.

Otros recursos del narrador también apuntan a una manera más moderna de novelar, que confiere una mayor autonomía y protagonismo a los personajes, en detrimento de la omnipresencia de la voz narrativa principal. En este sentido cabe subrayar el empleo abundante del estilo indirecto libre, mediante el cual se reproducen los pensamientos o las palabras del personaje en una falsa tercera persona, porque, en realidad, estos enunciados no se expresan desde la óptica del narrador, sino desde el punto de vista peculiar de dicho personaje, como si fuera él quien hablara. Los ejemplos de esta técnica son muy numerosos en nuestra obra; basta con aducir uno de los más ilustrativos:

> El médico vino, después de aquella noche. *El baile lo quiere Ana para sacudir los espíritus, para expulsar de las almas suspicaces la pena pasada, para que con el roce solitario no se enconen heridas aún abiertas, para que, viendo a Lucía tierna y afable, torne de nuevo la seguridad en el alma de Juan alarmado, para que Lucía vea frente a frente a Sol en la hora de un triunfo, y como Ana le hablará antes a Juan, Lucía no tiemble. ¡Ana se va y ya se sabe!: ella no quiere el baile para sí, sino para otros.* (Cap. III, pág. 202. La cursiva es mía y señala la secuencia en estilo indirecto libre.)

Como hemos observado, bajo esa tercera persona no escuchamos el discurso del narrador, sino las resoluciones interiores de la propia Ana, tal cómo éstas surgen espontáneas en su mente. El estilo indirecto libre, que habían practicado ya los predecesores del naturalismo, como Flaubert y los

Goncourt, se presenta en *Lucía Jerez* como una técnica novadora dentro de la narrativa hispánica: antes que Martí la había empleado Valera muy ocasionalmente. En *La Regenta*, de Clarín (1885), experimenta un amplísimo despliegue, que continúa con la novelística de la Pardo Bazán, quien la utiliza muy eficazmente desde *Los pazos de Ulloa* (1886). El entronque martiano con la literatura francesa más moderna nos explica este temprano y sabio manejo del estilo indirecto libre.

Pero más abundantes —y más sorprendentes— son las extensas secuencias de *Lucía Jerez* que se exponen en estilo directo libre, una técnica más moderna que triunfará definitivamente con la revolución narrativa acaecida en Europa hacia la segunda década del siglo XX. Este expresivo recurso consiste en reproducir directamente, sin introducción previa, los parlamentos de los personajes en la misma voz en que son proferidos, de manera que el discurso de éstos alterna imprevista y arbitrariamente con el discurso del narrador. Esta técnica tan creativa y audaz para la época encuentra innumerables ejemplos en nuestra obra. Veamos alguno entre tantos, donde la voz del narrador da paso a una expresión en estilo indirecto libre (que aquí subrayaré), para luego, sin transición alguna, dejar hablar al personaje en un verdadero estilo directo libre:

> Se hablaba de aquellas cosas banales de que conversaba, en estas tertulias de domingo, la gente joven de nuestros *países. El tenor, ¡oh el tenor! había estado admirable. Ella se moría por las voces del tenor. Es un papel encantador el de Francisco I. Pero la señora de Ramírez, ¡cómo había tenido el valor de ir vestida con los colores del partido que fusiló a su esposo!*, es verdad que se casa con un coronel del partido contrario, que firmó como auditor en el proceso del señor Ramírez. Es muy buen mozo el coronel, es muy buen mozo. Pero la señora Ramírez ha gastado mucho, ya no es tan rica como antes (...) ¡Oh! ¿Y Teresa Luz? lindísima, Teresa Luz: bueno, la boca, sí, la boca no es perfecta, los labios son demasiado finos (...). (Cap. I, páginas. 122-123.)

Dentro de las técnicas expresivas que otorgan mayor auto-

extenso monólogo interior

nomía al personaje, también he de constatar la presencia de un extenso monólogo interior de Lucía Jerez, en el capítulo tercero, donde el lenguaje patentiza ese fluir imprevisible de su mente confusa. Todo ello nos permite ahondar en la psicología de la protagonista, que nos muestra abiertamente su conciencia —y su inconsciencia— con el realismo más inmediato, como sucederá de ordinario en la narrativa más vanguardista de nuestro siglo XX.

Apuntaba más arriba, con el objeto de simplificar mi explicación, que la voz del narrador se reserva sólo para las secuencias de *pausa descriptiva*. Tal afirmación sigue siendo sustancialmente válida, si también entendemos como *pausa descriptiva* la narración sucinta de escenas habituales de los personajes y la introspección del narrador en la psicología de sus criaturas. La única objeción que admite (desatendiendo siempre el peculiar capítulo II) viene dada por los frecuentes comentarios de autor, donde el narrador interrumpe inesperadamente su función descriptiva para emitir un comentario ajeno a la acción, que expresa el pensamiento del autor José Martí sobre el asunto. Reproduciré aquí, por razones de espacio, uno de los ejemplos más breves y significativos de esta técnica tan recurrente en la obra:

pausa descriptiva

> Los estudiantes, no, esos no estaban por las calles, aunque en los balcones tenían a sus hermanas y a sus novias: los estudiantes estaban en la procesión, vestidos de negro (...). Los estudiantes fueron en masa a honrar a los muertos. *Los estudiantes que son el baluarte de la Libertad y su ejército más firme. Las universidades parecen inútiles, pero de allí salen los mártires y los apóstoles.* (Cap. III, pág. 174.)

Nos hallamos ante una técnica de función didáctico-moralizante que resulta, sí, más retardataria en la historia del quehacer narrativo. Los comentarios de autor, por no remontarnos a los orígenes de la novela, son muy frecuentes en el relato romántico, que incluye buena dosis de costumbrismo y de crítica costumbrista por parte del autor. Estos comentarios siguen siendo muy útiles en la novela de tesis y aun en la propiamente realista: el mismo Galdós los emplea a lo largo de toda su trayectoria. Sin embargo, hemos de re-

técnica de función
didáctico-moralizante

conocer que esa intromisión directa del autor en su texto ficcional caerá en desuso en la novela contemporánea y representa una de las facetas más tradicionales del Martí narrador, por más que en esta obra su uso se halle plenamente justificado. *vestigios del novelar trad. y lo moderno*

A la vista de estas observaciones sobre el autor-narrador y su modo de contar, se hace preciso concluir con una justa valoración de la modernidad de la novela. En efecto, el narrador omnisciente ha restringido de modo muy notable su elocución propia en favor de los protagonistas: ya sea mediante el diálogo, el estilo indirecto libre, el estilo directo libre o el monólogo interior. El uso muy ocasional de los comodines narrativos y la irrupción habitual de los comentarios del autor han de considerarse como vestigios del novelar tradicional, aunque sigan vigentes en la época: nuestro escritor, al fin y al cabo, no puede desvincularse por completo de las técnicas coetáneas. Ahora bien, el elemento más propiamente moderno y más sorprendente por aquellas fechas reside en la elocución misma de la obra, en esa centelleante prosa artística, que constituye, por otra parte, una de las claves de la genialidad de esta novela. Por ello este aspecto merece un apartado especial que ocupará las siguientes líneas.

X. LA PROSA ARTÍSTICA DE LA OBRA Y LA RENOVACIÓN DEL LENGUAJE NARRATIVO EN CASTELLANO

Anderson Imbert, en su antiguo y sustancioso artículo sobre el lenguaje de *Lucía Jerez*, detectó en la sintaxis de la prosa martiana dos finalidades esenciales: a una la denominó tendencia *oratoria*, y a la otra, tendencia *expresiva*[52]. Se trata de dos funciones que cumple la elocución en prosa de los escritos de Martí y que ordinariamente se dan cita en un mismo texto y en una misma secuencia del discurso. Por mi parte, debo precisar que en múltiples ocasiones esa función o fi-

---

[52] Cfr. Anderson Imbert, Enrique, «La prosa poética de José Martí. A propósito de *Amistad funesta*», en *Memoria del Congreso de Escritores Martianos*, La Habana, 1953, págs. 570-616.

nalidad *expresiva* se verifica en un párrafo exento de cualidades oratorias, si bien, a la inversa, cualquier pasaje suyo de efecto oratorio se halla enriquecido por esa virtud expresiva que reluce en toda la escritura de nuestro autor.

La oratoria en Martí no es sinónimo de *retórica* (como él mismo explica), al menos en el sentido clásico y convencional de este último término. Por oratoria entiende el cubano el arte del discurso oral que tiende a persuadir a través de una determinada disposición general de las partes y a través de un manejo peculiar y creativo de la sintaxis del discurso. Para ello Martí rehúye cualquier empleo formulario y preceptivo de unos recursos, tal como los estableció la retórica desde sus orígenes. Nuestro autor aboga por un discurso oratorio, persuasivo, que sea tan original y artístico como el lenguaje poético. Por esta razón se inspira en esa sintaxis alambicada y sorpresiva de nuestros estilistas del Barroco: pensemos en Quevedo y, especialmente, en Gracián. Estos autores se servían de multitud de recursos (yuxtaposición, hipérbatos, paralelismos y otras figuras de repetición...) para apartarse de la sintaxis lógica y emitir su discurso en unas estructuras oracionales y textuales envolventes, que provocan una reacción de asombro en el lector y favorecen así el efecto persuasivo. Para ello se hace indispensable el ritmo, que confiere a la prosa una virtud musical muy cercana a la que el verso posee por naturaleza. Y es precisamente esa poetización de la prosa uno de los objetivos fundamentales que se propone nuestro autor y, con él, todos los modernistas posteriores, que aspiran a renovar la prosa literaria hispánica del XIX y elevarla a un rango artístico tan excelso como el de la poesía. Tan poderoso es el efecto rítmico, musical, de la prosa martiana, que le arrancó a Darío el deseo de poner en verso esta prosa formidable[53].

Pero, ciñéndome de momento a lo que Anderson Imbert denomina *sintaxis de tendencia oratoria*, que se sirve de todos los dispositivos mencionados, nuestra novela nos ofrece una elocución donde la distorsión de la sintaxis lógica y la complejidad de las oraciones (pletóricas de sintagmas no progre-

---

[53] Cfr. Ghiraldo, Alberto, *El archivo Rubén Darío*, Buenos Aires, Losada, 1943, pág. 314.

sivos) se convierten en una constante. A todo ello se une el ritmo del discurso, que se verifica gracias, en gran parte, a las figuras de repetición. En el capítulo I el narrador nos proporciona una descripción de Pedro Real, que se inicia refiriéndose al cariño que Juan le profesa. Observemos el principio y el final de este pasaje de excelentes cualidades oratorias:

> *Juan quería a Pedro,* como los espíritus fuertes quieren a los débiles, y como, a modo de nota de color o de grano de locura, quiere, cual forma suavísima del pecado, la gente que no es ligera a la que lo es (...).
> Y Juan, por aquella seguridad de los caracteres incorruptibles, por aquella benignidad de los espíritus superiores, por aquella afición a lo pintoresco de las imaginaciones poéticas, y por lazos de niño, que no se rompen sin gran dolor del corazón, *Juan quería a Pedro.* (Cap. I, págs. 128 y 130. La cursiva es mía.)

Con gran frecuencia, este párrafo sinuoso de la prosa martiana, heredero de la exuberancia verbal del barroco clásico, concluye con una recapitulación final en forma de sentencia breve y, a menudo, de carácter simbólico, como veremos en este pasaje donde se nos refiere la precariedad económica y la soledad de doña Andrea, una vez muerto su marido:

> De manera que, cuando don Manuel murió, sólo había en la casa los objetos de su uso y adorno, en que no dejaba de adivinarse más el buen gusto que la holgura, los libros de don Manuel, que miraba la madre como pensamientos vivos de su esposo, que debían guardarse íntegros a su hijo ausente, y los enseres de la escuela, que un ayudante de don Manuel, que apenas le vio muerto se alzó con la mayor parte de sus discípulos, halló manera de comprar a la viuda, abandonada así por el que en conciencia debió continuar ayudándola, en una suma corta, la mayor, sin embargo, que después de la muerte de don Manuel se vio nunca en aquella pobre casa. *Hacen pensar en las viudas las palmas caídas.* (Cap. II, pág. 146. La cursiva es mía.)

Con todo, observa también Anderson Imbert que esa monumental elocuencia oratoria no trata de exhibir un verbalismo abundoso pero superfluo, carente de contenido. En absoluto: si uno de los principios raigales de su poética consiste justamente en la armonía entre la esencia y la forma, el irrefrenable flujo verbal martiano se halla siempre cargado de sentido, pleno de significación, nunca huero y meramente ornamental. Como concluye Anderson Imbert, «Martí es elocuente, pero busca las esencias»[54].

Y por esta vía es por donde debe entenderse esa segunda función que reconoce el citado crítico en la configuración de la prosa martiana: su función *expresiva*. Aquí ya no se trata de sorprender y envolver al lector para persuadirlo: lo que aquí se pretende es provocar en él una emoción intensa. Para ello nuestro escritor dota a su lenguaje de un denso componente afectivo e imaginativo-sensorial. Y ésta es, sin duda, la gran novedad, la gran aportación de Martí sobre la sintaxis oratoria barroca; ésta es, en definitiva, la clave de la gran revolución que emprendió el cubano en la prosa literaria hispánica.

Para otorgar al discurso oratorio esa potente virtualidad expresiva, nuestro escritor recurre a todos aquellos dispositivos oratorios que contribuyan a transmitir su emoción propia, su personal afectividad sobre el asunto tratado. Y, fuera ya del campo de lo estrictamente oratorio, Martí echa mano de la más sugerente imaginería simbólica, la cual, en unas pocas palabras, condensa una enorme sugerencia emotiva. Se trata, en fin, del valor expresivo del símbolo, que (como ya he apuntado a propósito de su ideario poético) consiste en una asociación inconsciente entre un objeto o concepto real y otro objeto sensible imaginario. El símbolo, como ya he advertido, no se limita a envolver un término real en otro imaginario, sino que sólo sugiere aquél de una forma racionalmente oscura, pero emotivamente muy eficaz. El símbolo permite condensar una emoción muy compleja en una sola imagen o en una secuencia más o menos breve de imágenes.

El lector, a primera vista, no descubre la significación real de esas imágenes (a diferencia de la metáfora y de la alegoría): lo que se produce en él es una poderosa reacción emo-

---

[54] Cfr. Anderson Imbert, E., art. cit., pág. 601.

tiva que luego, mediante un riguroso análisis, puede ser desvelada con toda su rica significación racional[55].

Martí es uno de los primeros escritores hispánicos que emplean el símbolo en su verso y en su prosa (antes en ésta que en aquél). Entre ellos, Martí es el primer simbolista hispánico: tanto por la conciencia que posee sobre la eficacia de este fenómeno como por su recurrente y madura utilización.

Lucía Jerez se halla repleta de imágenes simbólicas, muchas veces concatenadas en una larga secuencia. Aduzco aquí un ejemplo donde, además de esa sintaxis de tendencia oratoria, con todos sus recursos pertinentes (por ejemplo, el acentuado paralelismo), advertimos una acusada tendencia y eficacia expresivas, favorecida en gran parte por el sabio manejo del símbolo. Nos situamos en la descripción inicial de Lucía:

> Lucía, *como una flor que el sol encorva sobre su tallo débil cuando esplende en todo su fuego el mediodía* (...); Lucía, que niña aún (...), olvidaba los juegos de su edad, y el coger las flores del jardín (...); Lucía, *en quien un deseo se clavaba como en los peces se clavan los anzuelos* (...); Lucía, que con su encarnizado pensamiento, *había poblado el cielo que miraba, y los florales cuyas hojas gustaba de quebrar* (...); Lucía, que cuando veía entrar a Juan, *sentía resonar en su pecho unas como arpas que tuviesen alas, y abrirse en el aire, grandes como soles, unas rosas azules, ribeteadas de negro* (...); Lucía, *en quien las flores de la edad escondían la lava candente que como las vetas de metales preciosos en las minas le culebreaban en el pecho;* Lucía, que padecía de amarle, y le amaba irrevocablemente (...), sintió una noche (...) (Cap. I., páginas 119-120. Están en cursiva las secuencias donde se insertan los distintos símbolos.)

En este desmesurado sintagma no progresivo podemos comprobar cómo, junto a los recursos propiamente orato-

---

[55] Remito nuevamente a la explicación sistemática del fenómeno simbólico, incluida en Bousoño, Carlos, *Teoría de la expresión poética,* ed. cit., vol. I., págs. 187-268. En relación a la práctica del simbolismo en José Martí, puede consultarse el libro de Schulman, Ivan, *Símbolo y color en la obra de José Martí* (Madrid, Gredos, 1960). Y si quiere estudiarse no sólo la práctica del simbolismo martiano, sino también su pensamiento poético sobre el tema, véase el apartado «Técnicas estilísticas en la poética martiana: el símbolo», de mi libro *La poética de José Martí y su contexto* (Madrid, Verbum, 1994).

rios, el narrador ha intensificado la expresividad con una alta dosis de afectividad y de cualidades imaginario-sensoriales, que son los símbolos. En nuestra novela podemos registrar muchas imágenes simbólicas que surgen aisladamente y que contienen una densa significación espiritual, como la magnolia con que se inicia el relato, que reaparece en el capítulo III como testigo de las confidencias entre Juan y Lucía. La magnolia, como veremos, simboliza la grandeza y pureza del espíritu. Cuando se la menciona nuevamente, después de esa tensa conversación, el narrador apunta: «La magnolia, nuestra antigua conocida, oyó, a las últimas luces de la tarde, el final de esta conversación congojosa.» (Cap. III, pág. 170.) Por medio de esta observación el narrador compara la actitud egoísta de Lucía, que acaba de hablar, con la grandeza y la pureza espirituales simbolizadas por esa recurrente magnolia. Y de este modo nos percatamos de la progresiva degradación moral de la protagonista.

Otros símbolos aparecen en el texto de modo autónomo y con significación propia. Además de la magnolia, podemos pensar en las flores que lucen las jóvenes, que simbolizan su carácter psicológico; en los adornos de las tazas de chocolate, distintos para cada personaje, o en los conejos que regala Pedro Real a Ana, Sol y Lucía. En todos estos casos los objetos imaginarios sugieren por vía emocional la psicología individual de cada personaje.

Pero, con una frecuencia impensable para el momento, los símbolos suelen surgir encadenados en construcciones imaginarias de tipo impresionista o expresionista; dos técnicas simbólicas que marcarán el rumbo de la prosa narrativa contemporánea y que Martí utiliza, antes que nadie en nuestra literatura, con una frecuencia pasmosa y con una maestría verdaderamente excepcional.

El impresionismo (y valga esta sintética definición) consiste en la plasmación de la emoción personal tomando como referencia un objeto o un espacio exterior que el autor describe subjetivamente, sin la menor intención de realizar sobre él una mímesis realista. Cabe advertir que todo impresionismo resulta esencialmente simbólico, ya que los objetos externos aparecen retratados según la fantasía libre del escritor, quien, de acuerdo con su emoción personal, transmuta los objetos reales de ese espacio en otros objetos imaginarios que no guardan, con respecto a aquéllos, ninguna semejanza natural. Estos últimos, los objetos imaginarios, sólo responden a una asociación inconsciente (racionalmente oscura) que el escritor ha verificado según la índole de su emoción individual[56].

Nuestra novela se halla iluminada por numerosas secuencias de simbolización impresionista, que pueden refulgir ante nuestros ojos en los momentos más inesperados. Por ejemplo, en el capítulo II, cuyo lenguaje se muestra más realista y referencial, también aflora la fantasía visionaria del símbolo impresionista. He aquí algunos ejemplos de esta técnica tan productiva en *Lucía Jerez*. Comprobaremos que, mediante estas imágenes tan sugerentes, el narrador consigue describir a los personajes o el ambiente que los circunda con una gran economía verbal. El símbolo es, sí, derroche de emoción en unas pocas palabras. Pondré en cursiva, como hasta ahora, las secuencias donde se verifica el fenómeno simbólico. Veamos:

> Las amigas cambiaban vivamente sus impresiones de domingo. Venían de misa; de sonreír en el atrio de la catedral a sus parientes y conocidos; de pasear por las calles limpias, *esmaltadas de sol, como flores desatadas sobre una bandeja de plata con dibujos de oro.* (Cap. I, pág. 112.)
>
> Se murió [Manuelillo] de unas fiebres enemigas, que le empezaron con grandes aturdimientos de cabeza, y unas visiones dolorosas y tenaces que él mismo describía en su cama revuelta, de delirante, con palabras fogosas y desencajadas, que parecían *una caja de joyas rotas.* (Obsérvese que se trata de un fragmento del cap. II, pág. 143.)
>
> ¿De qué ha de estar hablando toda la ciudad, sino de Sol del Valle? *Era como la mañana que sigue al día en que se ha revelado un orador poderoso. Era como el amanecer de un drama nuevo.* (Cap. III, pág. 155.)
>
> ¿Cómo era? ¡Quién lo supo mejor que Keleffy! La miró [a

---

[56] Ofrezco una explicación más detallada en el capítulo citado de mi libro *La poética de José Martí y su contexto.* Ahí demuestro la naturaleza simbólica de todo impresionismo.

94

Sol del Valle], la miró con ojos desesperados y avarientos. *Era como una copa de nácar, en que nadie hubiese puesto aún los labios. Tenía esa hermosura de la aurora, que arroba y ennoblece. Una palma de luz era.* (Cap. III, pág. 160.)

El elenco sería inacabable. Pero aún más recurrente se nos presenta la técnica del expresionismo, que también posee una naturaleza simbólica, como he demostrado en mi libro citado anteriormente. El expresionismo (por ofrecer la definición más sintética posible) consiste en la representación de la emoción personal del poeta mediante imágenes simbólicas que surgen de su actividad inconsciente y que, a diferencia del impresionismo, no se hallan ubicadas en un marco externo (un paisaje, una habitación...) contemplado por el poeta. Tales imágenes son provocadas directamente por la emoción individual y no guardan entre sí ningún parentesco natural (ya sea una relación espacial, ya sea una relación causa-efecto o una relación natural de otro tipo): son imágenes deslavazadas que sólo comparten una comunidad de rasgos afectivos y sensoriales, con el fin de materializar una emoción muy concreta. Aunque el expresionismo, como corriente estético-literaria, se forja definitivamente en Alemania durante la segunda década del siglo xx, ya cuenta con numerosos predecesores en el siglo xix: en las letras hispánicas, uno de los primeros y más geniales será precisamente José Martí.

En nuestra novela la simbolización expresionista cristaliza aún con mayor frecuencia que la impresionista y suele originar secuencias muchos más largas que las correspondientes a la técnica anterior. El expresionismo, como fácilmente se intuye, requiere del poeta una mayor actividad creadora, ya que éste, desde la inmaterialidad de su emoción, ha de buscar las imágenes simbólicas más eficaces para expresar el estado de su ánimo, sin contar con un espacio externo que le sirva como marco. Todo ello se hará evidente en los dos ejemplos que reproduzco a continuación, y que sólo constituyen una muestra muy escueta del amplísimo repertorio de simbolizaciones expresionistas que nos ofrece la obra:

> Estaban las tres amigas en aquella pura edad en que los caracteres todavía no se definen: ¡ay, en esos mercados en don-

de suelen los jóvenes generosos, *que van en busca de pájaros azules, atar sus vidas a lindos vasos de carne que a poco tiempo, a los primeros calores fuertes de la vida, enseñan la zorra astuta, la culebra venenosa, el gato frío e impasible que les mora en el alma.* (Cap. I, pág. 113. Está en cursiva la secuencia propiamente expresionista.)

Creo que con la descripción del efecto que produjo la ejecución musical del pianista Keleffy, podemos apreciar las altas cotas de creatividad irracional que el expresionismo alcanza en nuestro relato:

Y Keleffy en aquellos instantes tenía subyugada y muda a la concurrencia (...). *Una como invasión de luz que encendiese la atmósfera, y penetrase por los rincones más negros de la tierra, y a través de las ondas del mar, a sus cuevas de azul y corales; una como águila herida, con una llaga en el pecho que parecía una rosa, huyendo, a grandes golpes de ala, cielo arriba, con gritos desesperados y estridentes.* (Cap. III, pág. 162.)

Si bien es cierto que otras novelas modernistas presentan una macroestructura notablemente más moderna (pienso en el caso deslumbrante de la novela de Silva, *De sobremesa*), es innegable que la prosa artística con que Martí ha lustrado su narración eleva a *Lucía Jerez* a un nivel de audacia creativa, de lirismo simbólico, que sobrepasa con creces a cualquier narración del movimiento modernista, por más que todas aspiraran a construir una prosa poemática del máximo calibre emocional.

XI. ÉTICA Y ESTÉTICA EN «LUCÍA JEREZ»

Y bajo este epígrafe conclusivo quiero apuntar la teleología o finalidad última de la poesía martiana (entendiendo por tal toda su creación literaria, en lo que ésta tiene de creativo, de *poiesis*, que es mucho). Y la cuestión viene muy a propósito de *Lucía Jerez*, porque una de las dimensiones argumentales de nuestra novela apunta precisamente hacia la finalidad del arte y, en concreto, de la poesía. No olvidemos que Juan es poeta y que en un momento crucial de la obra declara a Lucía lo que sienten los poetas ante la mujer:

> En la mujer, Lucía, como que es la hermosura mayor que se conoce, creemos los poetas hallar como un perfume natural todas las excelencias del espíritu; por eso los poetas se apegan con tal ardor a las mujeres a quienes aman, sobre todo a la primera a quien quieren de veras, que no es casi nunca la primera a quien han creído querer; por eso cuando creen que algún acto pueril o desconsiderado las desfigura, o imaginan alguna frivolidad o impureza, se ponen fuera de sí, y sienten unos dolores mortales (...). Los poetas de raza mueren. Los poetas segundones, los tenientes y alféreces de la poesía, los poetas falsificados, siguen su camino por el mundo besando en venganza cuantos labios se les ofrecen, con los suyos, rojos y húmedos en lo que se ve, ¡pero en lo que no se ve tintos de veneno! (Cap. III, págs. 167-168.)

No he tenido inconveniente en reproducir tan larga cita porque en ella el lector advertirá que no se trata sólo de un discurso moral, sino también de un discurso estético, metapoético. Y es que en Martí ética y estética, el Bien y la Belleza como fines, van parejos e inseparables en toda creación artística. Si bien reconoce el valor ennoblecedor y edificante de la Belleza, no por ello nuestro autor se deja estancar en un esteticismo puro. De acuerdo con su visión del mundo, el cubano reconoce implícitamente que Bondad y Belleza son cualidades que se identifican en el Uno, en el Ser supremo y en todo ser que de Él procede (sería muy complejo definir la relación martiana entre ser finito y Ser supremo; sería complejo señalar su concepción de Dios como trascendente o inmanente al mundo). Pero, si bien Bondad y Belleza se identifican en el *orden del ser*, el cubano intuye (no lo declara explícita ni conceptualmente) que *en el orden del conocer* Bondad y Belleza son dos nociones diferentes, y que como diferentes las concibe y las siente el ser humano[57]. De ahí que conside-

---

[57] Esta relación entre ética y estética en José Martí aparece explicada sistemáticamente en el apartado «Belleza y Bien como fines de la poética martiana», de mi libro *La poética de José Martí y su contexto,* ed. cit.

re necesario que cada obra poética aspire a la Belleza suma, pero a condición de que a este propósito se añada un contenido moral explícito, éticamente constructivo.

La relación entre ética y estética en la poética martiana, a pesar de su estimación sagrada por ambas disciplinas y a pesar de su notable modernidad, se mantiene ciertamente distante del esteticismo moral que profesó el modernismo más ortodoxo[58]. En este último la ética abdica sus leyes en la estética, de manera que la Belleza, por sí sola, justifica la bondad de cada acto humano. Martí no es un esteticista puro, como tampoco lo fueron otros modernistas tan indiscutibles como José Enrique Rodó o Manuel Díaz Rodríguez. Para Martí ética y estética poseen sus leyes propias y ambos códigos deben comparecer en toda poesía, en el sentido más amplio del término.

Sol del Valle, y no Lucía, será la mujer ideal de Martí y de su *alter ego* Juan Jerez: en ella la belleza y la bondad encuentran las máximas proporciones que pueden ser dadas al ser humano. Precisamente por eso Sol padecerá un martirio (no anticiparé al lector de qué martirio se trata), porque en el entender martiano los buenos de este mundo han de padecer martirio para compensar la acción destructora de la maldad del hombre.

Por esta doble finalidad ética y estética se justifican los comentarios moralizantes del autor dispersos por toda nuestra novela. Pero se tratará de una moralización en el mejor de los sentidos, por cuanto no resta ni un mínimo de exigencia estética al creador literario. Por esta y por las razones anteriores apuntadas, *Lucía Jerez* no es sólo la primera novela modernista hispánica, sino que merece una de las más altas estimaciones dentro de este panorama narrativo.

---

[58] Cfr. Salvador Jofre, Álvaro, *Rubén Darío y la moral estética,* Granada, Universidad de Granada, 1986. También puede consultarse mi artículo «Ética y estética en "El reino interior" de Rubén Darío», en *Anales de literatura hispanoamericana,* Madrid, núm. 21, 1992, págs. 495-505.

Esta edición

La que aquí se ofrece debe considerarse una edición textualmente crítica de la novela *Lucía Jerez*. El albacea literario de Martí, Gonzalo de Quesada y Aróstegui, certifica la desaparición de la edición original de la obra, que con el título de *Amistad funesta* se había publicado por entregas en el periódico bimensual *El Latino-Americano*, de Nueva York, en 1885. Dada la vida efímera de este periódico, el mismo Quesada y Aróstegui reconoció que era imposible hallar la edición original de la novela en biblioteca pública alguna. Él mismo, en vida de Martí, tuvo la fortuna de encontrársela en la oficina de trabajo del maestro, en la edición original, aunque corregida por Martí con muchas anotaciones. Basándose en este texto corregido, Quesada y Aróstegui publicó el relato en el tomo X de las *Obras del Maestro* (Leipzig, Ed. Breitkopf und Haertel, 1911). Esta es la edición reproducida por las *Obras completas* (La Habana, Editorial de Ciencias Sociales, 1975, tomo 18) y éste es, por tanto, el texto que me ha servido como base para la presente edición.

No obstante, la que realizó Manuel Pedro González (Gredos, Madrid, 1969), pese a no indicar su fuente, ofrece numerosas variantes en la puntuación del texto, que deben explicarse por una pretensión de acomodar la peculiar puntuación martiana a la norma estándar y moderna de la puntuación actual, con el fin de hacer más fluida su lectura. También he considerado las variantes ocasionales que presenta la edición de Cintio Vitier (incluida en J. Martí I, *Obra literaria*, Caracas, Biblioteca Ayacucho, 1978). Si bien se ajusta a la edición de 1911, el texto de Vitier también realiza algunas alteraciones en la puntuación original, que responden a la misma razón de Manuel Pedro González.

Teniendo en cuenta estas versiones ciertamente distintas, la que aquí sigue se apoya decididamente en la edición original de Gonzalo de Quesada y Aróstegui (1911), aunque he incorporado, cuando lo he juzgado conveniente, algunas de las variantes de Manuel Pedro González y de Cintio Vitier, con el fin de no alterar en lo posible la expresiva puntuación prosódica de Martí y, a la vez, con el objeto de hacer más asequible la comprensión para el lector actual.

Por lo demás, no he observado ninguna otra variante en las diferentes ediciones. De ahí que haya desechado la posibilidad de anotar a pie de página las distintas opciones de puntuación que nos brindan las ediciones anteriores, ya que de esta manera se engrosaría innecesariamente el aparato crítico y se haría más difícil la fluidez de nuestra lectura.

Bibliografía

I. *Algunas ediciones de la obra de Martí y de* Lucía Jerez:

Obras del Maestro, edición de Gonzalo de Quesada y Aróstegui, Leipzig, Ed. Breiktopf und Haertel, 1900-1919, 15 vols.
Obras completas, edición de Gonzalo de Quesada y Miranda, La Habana, Trópico, 1936-1953, 74 vols.
Obras completas, La Habana, Editorial de Ciencias Sociales, 1975, 28 vols.
Obra literaria, edición de Cintio Vitier, Caracas, Biblioteca Ayacucho, 1978.
Lucía Jerez, edición de Manuel Pedro González, Madrid, Gredos, 1969.

II. *Algunos estudios sobre la novela modernista hispanoamericana:*

GONZÁLEZ, Aníbal, *La novela modernista hispanoamericana*, Madrid, Gredos, 1987.
GULLÓN, Ricardo, *La novela lírica*, Madrid, Cátedra, 1983.
HENRÍQUEZ UREÑA, Max, «Influencias francesas en la novela de la América hispana», en Loveluck, Juan (ed.), *La novela hispanoamericana*, Santiago de Chile, Editorial Universitaria, 1969, páginas 95-104.
JIMÉNEZ, José Olivio (ed.), *Estudios críticos sobre la prosa modernista hispanoamericana*, Nueva York, Eliseo Torres and Sons, 1975.
MEYER-MINNEMAN, Klaus, *Der spanischamerikanische Roman des Fin de siècle*, Tübingen, Max Niemeyer Verlag, 1979.
— «La novela modernista hispanoamericana y la literatura europea del fin de siglo: puntos de contacto y diferencias», en Schulman, Iván (ed.), *Nuevos asedios al modernismo*, Madrid, Taurus, 1987, págs. 246-261.

Muñoz Reoyo, María de los Desamparados, *Los personajes en la narrativa modernista hispanoamericana*, Madrid, Editorial de la Universidad Complutense, 1991.

Phillips, Allen W., «El arte y el artista en algunas novelas modernistas», en *Temas del modernismo hispánico y otros estudios*, Gredos, Madrid, 1974, págs. 261-293.

Roggiano, Alfredo, «El modernismo y la novela en la América hispana», en *La novela hispanoamericana*, Alburquerque, Ed. Nuevo México, 1957, págs. 25-45.

III. *Algunos estudios sobre la obra literaria de José Martí:*

Augier, Ángel, *Acción y poesía en José Martí*, La Habana, Letras Cubanas, 1982.

Caillet-Bois, Julio, «Martí y el modernismo literario», en *Memoria del Congreso de Escritores Martianos*, La Habana, 1953, págs. 474-489.

Cairo Ballester, Ana (ed.), *Letras. Cultura en Cuba* (extensa recopilación de estudios críticos sobre José Martí), La Habana, Ed. Pueblo y Educación, 1989, 2 vols.

Darío, Rubén, *José Martí, poeta. Seguido de «Versos escogidos de José Martí»*, París, Casa Editorial Franco-Ibero-Americana, 1913; recogido en González, Manuel Pedro, *Antología crítica de José Martí*, México, Ed. Cultura, 1960.

En torno a José Martí, Coloquio Internacional, Bordeaux, Editions Bière, 1974.

Esteban, Ángel, *La modernidad literaria de Bécquer a Martí*, Granada, Impredisur, 1992.

Fernández Retamar, Roberto, *Introducción a José Martí*, La Habana, Centro de Estudios Martianos, 1978.

Galindo, Isis, «La modalidad impresionista en la obra de Martí», en *Anuario Martiano*, La Habana, núm. 4, 1972.

Ghiano, Juan Carlos, *José Martí*, Buenos Aires, Centro Editor de América Latina, 1967.

González, Manuel Pedro, *José Martí en el octogésimo aniversario de la iniciación modernista*, Caracas, Ministerio de Educación, Biblioteca Venezolana de Cultura, 1962.

Jiménez, José Olivio, *José Martí, poesía y existencia*, México, Ed. Oasis, 1983.

— *La raíz y el ala: aproximaciones críticas a la obra literaria de José Martí*, Valencia, Pre-textos, 1993.

Manach, Jorge, «Fundamentación del pensamiento martiano», en

González, M. P., *Antología crítica de José Martí*, ed. cit., páginas 443-457.

MARINELLO, Juan, *José Martí, escritor americano*, México, Grijalbo, 1958.

MORALES, Carlos Javier, *La poética de José Martí y su contexto*, Madrid, Verbum, 1994.

— «Esbozo de una poética para José Martí», en *Anales de literatura hispanoamericana*, Universidad Complutense de Madrid, núm. 20, 1991, págs. 119-144.

REXACH, Rosario, *Estudios sobre Martí*, Madrid, Playor, 1985.

ROGGIANO, Alfredo, «Poética y estilo de José Martí», en *Humanitas*, Tucumán, vol. I, núm. 3, 1953, págs. 351-378; recogido en González, M. P., *Antología crítica...*, ed. cit., págs. 41-69.

SCHULMAN, Iván, *Símbolo y color en la obra de José Martí*, Madrid, Gredos, 1960.

SCHULMAN, Iván y GONZÁLEZ, Manuel Pedro, *Martí, Darío y el modernismo*, Madrid, Gredos, 1969.

VITIER, Cintio y Fina GARCÍA MARRUZ, *Temas martianos*, Río Piedras (Puerto Rico), Ed. Huracán, 1981, 2. ed.

IV. *Bibliografía sobre Lucía Jerez:*

ANDERSON IMBERT, Enrique, «La prosa poética de José Martí. A propósito de *Amistad funesta*», en *Memoria del Congreso de Escritores Martianos*, La Habana, 1953, págs. 570-616.

GARCÍA MARRUZ, Fina, «Amistad funesta», en *Temas martianos*, Río Piedras (Puerto Rico), Ed. Huracán, 1981, 2. ed., págs. 285-294.

GONZÁLEZ, Aníbal, «Guerra florida: el intelectual y las metáforas en *Lucía Jerez*», en *La novela modernista hispanoamericana*, Madrid, Gredos, 1987, págs. 53-81.

GONZÁLEZ, Manuel Pedro, «Prefacio» a Martí, J., *Lucía Jerez*, Madrid, Gredos, 1969.

GULLÓN, Ricardo, «Martí, novelista», en *Ínsula*, núms. 428-429, 1982, págs. 1 y 17.

HEREDIA ROJAS, Israel Ordenel, «*Amistad funesta*: obra centenaria de Martí», en *Islas*, Universidad Central de las Villas (Cuba), número 79, 1984, págs. 3-14.

LÓPEZ BARALT, Mercedes, «José Martí, ¿novelista?: Modernismo y modernidad en *Lucía Jerez*», en *Revista de Estudios Hispánicos*, Universidad de Puerto Rico, núm. 12, 1985, págs. 137-145.

PROMIS, José, «Martí escribe una novela», en *Revista Iberoamericana*, Pittsburgh, vol. XLVI, núms. 112-113, 1980, págs. 413-425.

Quesada, Luis Manuel, «La única novela martiana (*Amistad funesta*)», en *Revista de Estudios Hispánicos*, University of Alabama, vol. IV, núm. 1, 1970.

Tamargo, Maribel, «*Amistad funesta*: una teoría del personaje novelesco», en *Explicación de textos literarios*, Sacramento, vol. X, núm. 1, 1981, págs. 117-123.

Vitier, Cintio, «Sobre *Lucía Jerez*», en *Diálogos*, México, vol. XV, núm. 87, 1979, págs. 3-8.

Lucía Jerez

A ADELAIDA BARALT
De una novela sin arte
La comisión ahí le envío:
¡Bien haya el pecado mío,
Ya que a Vd. le deja parte!

Cincuenta y cinco fue el precio:
La quinta es de Vd.: la quinta
De cincuenta y cinco, pinta
Once, si yo no soy necio.

Para alivio de desgracias
¡Sea!: de lo que yo no quiero
Aliviarme es del sincero
Deber de darle las gracias.

JOSÉ MARTÍ

[Prólogo del autor]

Quien ha escrito esta noveluca, jamás había escrito otra antes, lo que de sobra conocerá el lector sin necesidad de este proemio, ni escribirá probablemente otra después. En una hora de desocupación, le tentó una oferta de esta clase de trabajo: y como el autor es persona trabajadora, recordó un suceso acontecido en la América del Sur en aquellos días, que pudiera ser base para la novela hispanoamericana que se deseaba, puso mano a la pluma, evocó al correr de ella sus propias observaciones y recuerdos, y sin alarde de trampa ni plan seguro, dejó rasguear la péñola durante siete días, interrumpido a cada instante por otros quehaceres, tras de los cuales estaba lista con el nombre de «Amistad funesta» la que hoy con el nombre de *Lucía Jerez*, sale nuevamente al mundo. Ni es más, ni es menos. Se publica en libro, porque así lo desean los que sin duda no lo han leído. El autor, avergonzado, pide excusa. Ya él sabe bien por dónde va, profunda como un bisturí y útil como un médico[1], la novela moderna. El género no le place, sin embargo, porque hay mucho que fingir en él, y los goces de la creación artística no compensan el dolor de moverse en una ficción prolongada; con diálogos que nunca se han oído, entre personas que no han vivido jamás. Menos que todas, tienen derecho a la atención novelas como ésta, de puro cuen-

---

[1] Referencia a la novela naturalista, que alcanzó su apogeo en Europa e Hispanoamérica durante las dos últimas décadas del siglo xix.

to, en las que no es dado tender a nada serio, porque esto, a juicio de editores, aburre a la gente lectora; ni siquiera es lícito, por lo llano de los tiempos, levantar el espíritu del público con hazañas de caballeros y de héroes, que han venido a ser personas muy fuera de lo real y del buen gusto. Lean, pues, si quieren, los que lo culpen, este libro; que el autor ha logrado hacerse perdonar con algunos detalles; pero sepan que el autor piensa muy mal de él. Lo cree inútil; y lo lleva sobre sí como una grandísima culpa. Pequé, Señor, pequé, sean humanitarios, pero perdónenmelo. Señor: no lo haré más.

Yo quiero ver al valiente que saca de los[2] una novela buena.

En la novela había de haber mucho amor; alguna muerte; muchas muchachas, ninguna pasión pecaminosa; y nada que no fuese del mayor agrado de los padres de familia y de los señores sacerdotes. Y había de ser hispanoamericana[3].

Juan empezó con mejores destinos que los que al fin tiene, pero es que en la novela cortó su carrera cierta prudente observación, y hubo que convertir en mero galán de amores al que nació en la mente del novelador dispuesto a más y a más altas empresas (grandes)[4] hazañas. Ana ha vivido, Adela también. Sol ha muerto[5].

Y Lucía, la ha matado. Pero ni a Sol ni a Lucía ha conocido de cerca el autor. A don Manuel, sí, y a Manuelillo y a doña Andrea, así como a la propia directora[6].

---

[2] Hay una palabra ininteligible en el texto que manejó Quesada y Aróstegui para su edición de la novela en 1911.

[3] Siguen cuatro palabras ininteligibles.

[4] Debe de ser una corrección provisional del propio Martí, que Quesada y Aróstegui no llegó a discernir en la edición de 1911.

[5] Hay una palabra ininteligible.

[6] Hay varias palabras ininteligibles al margen del texto.

Capítulo primero

Una frondosa magnolia, podada por el jardinero de la casa con manos demasiado académicas, cubría aquel domingo por la mañana con su sombra a los familiares de la casa de Lucía Jerez. Las grandes flores blancas de la magnolia, plenamente abiertas en sus ramas de hojas delgadas y puntiagudas, no parecían, bajo aquel cielo claro y en el patio de aquella casa amable, las flores del árbol, sino las del día, ¡esas flores inmensas e inmaculadas, que se imaginan cuando se ama mucho! El alma humana tiene una gran necesidad de blancura. Desde que lo blanco se oscurece, la desdicha empieza. La práctica y conciencia de todas las virtudes, la posesión de las mejores cualidades, la arrogancia de los más nobles sacrificios, no bastan a consolar el alma de un solo extravío.

Eran hermosas de ver, en aquel domingo, en el cielo fulgente, la luz azul, y por entre los corredores de columnas de mármol, la magnolia elegante; entre las ramas verdes, las grandes flores blancas, y en sus mecedoras de mimbre, adornadas con lazos de cinta, aquellas tres amigas, en sus vestidos de mayo: Adela, delgada y locuaz, con un ramo de rosas Jacqueminot[7] al lado izquierdo de su traje de seda crema; Ana, ya próxima a morir, prendida sobre el corazón enfermo, en su vestido de muselina blanca, una flor azul sujeta con unas hebras de trigo; y Lucía, robusta y profunda, que no llevaba flores en su vestido de seda carmesí, «porque no se cono-

---

[7] *Jacqueminot*. Debe de referirse a unas rosas semejantes a las que bordaban en la fábrica de hilados del Vizconde de Jacqueminot (1787-1852), en Bar-le-Duc (Francia). En este contexto, esas rosas simbolizan el carácter frívolo y superficialmente afrancesado de Adela, como enseguida comprobaremos.

111

cía aún en los jardines la flor que a ella le gustaba: ¡la flor negra!».

Las amigas cambiaban vivazmente sus impresiones de domingo. Venían de misa; de sonreír en el atrio de la catedral a sus parientes y conocidos; de pasear por las calles limpias, esmaltadas de sol, como flores desatadas sobre una bandeja de plata con dibujos de oro. Sus amigas, desde las ventanas de sus casas grandes y antiguas, las habían saludado al pasar. No había mancebo elegante en la ciudad que no estuviese aquel mediodía por las esquinas de la calle de la Victoria. La ciudad, en esas mañanas de domingo, parece una desposada. En las puertas, abiertas de par en par, como si en ese día no se temiesen enemigos, esperan a los dueños los criados, vestidos de limpio. Las familias, que apenas se han visto en la semana, se reúnen a la salida de la iglesia para ir a saludar a la madre ciega, a la hermana enferma, al padre achacoso. Los viejos ese día se remozan. Los veteranos andan con la cabeza más erguida, muy luciente el chaleco blanco, muy bruñido el puño del bastón. Los empleados parecen magistrados. A los artesanos, con su mejor chaqueta de terciopelo, sus pantalones de dril muy planchado y su sombrerín de castor fino, da gozo verlos. Los indios, en verdad, descalzos y mugrientos, parecen llagas. Pero la procesión lujosa de madres fragantes y niñas galanas continúa, sembrando sonrisas por las aceras de la calle animada; y los pobres indios, que la cruzan a veces, parecen gusanos prendidos a trechos en una guirnalda. En vez de las carretas de comercio o de las arrias de mercaderías, llenan las calles, tirados por caballos altivos, carruajes lucientes. Los carruajes mismos, parece que van contentos, y como de victoria. Los pobres mismos, parecen ricos. Hay una quietud magna y una alegría casta. En las casas todo es algazara. Los nietos ¡qué ir a la puerta, y aturdir al portero, impacientes por lo que la abuela tarda! Los maridos ¡qué celos de la misa, que se les lleva, con sus mujeres queridas, la luz de la mañana! La abuela, ¡cómo viene cargada de chucherías para los nietos, de los juguetes que fue reuniendo en la semana para traerlos a la gente menor hoy domingo, de los mazapanes recién hechos que acaba de comprar en la dulcería francesa, de los caprichos de comer que su hija prefería cuando soltera, qué carruaje el de la abuela, que nunca se vacía! Y en la casa de Lucía Jerez no se sabía si había más flores en la magnolia, o en las almas.

Sobre un costurero abierto, donde Ana al ver entrar a sus amigas puso sus enseres de coser y los ajuares de niño que regalaba a la Casa de Expósitos, habían dejado caer Adela y Lucía sus sombreros de paja, con cintas semejantes a sus trajes, revueltas como cervatillos que retozan. ¡Dice mucho, y cosas muy traviesas, un sombrero que ha estado una hora en la cabeza de una señorita! Se le puede interrogar, seguro de que responde: ¡de algún elegante caballero, y de más de uno, se sabe que ha robado a hurtadillas una flor de un sombrero, o ha besado sus cintas largamente, con un beso entrañable y religioso! El sombrero de Adela era ligero y un tanto extravagante, como de niña que es capaz de enamorarse de un tenor de ópera: el de Lucía era un sombrero arrogante y amenazador: se salían por el borde del costurero las cintas carmesíes, enroscadas sobre el sombrero de Adela como una boa sobre una tórtola: del fondo de seda negro, por los reflejos de un rayo de sol que filtraba oscilando por una rama de la magnolia, parecían salir llamas.

Estaban las tres amigas en aquella pura edad en que los caracteres todavía no se definen: ¡ay, en esos mercados es donde suelen los jóvenes generosos, que van en busca de pájaros azules, atar su vida a lindos vasos de carne que a poco tiempo, a los primeros calores fuertes de la vida, enseñan la zorra astuta, la culebra venenosa, el gato frío e impasible que les mora en el alma!

La mecedora de Ana no se movía, tal como apenas en sus labios pálidos la afable sonrisa: se buscaban con los ojos las violetas en su falda, como si siempre debiera estar llena de ellas. Adela no sin esfuerzo se mantenía en su mecedora, que unas veces estaba cerca de Ana, otras de Lucía, y vacía las más. La mecedora de Lucía, más echada hacia adelante que hacia atrás, cambiaba de súbito de posición, como obediente a un gesto enérgico y contenido de su dueña.

—Juan no viene: ¡te digo que Juan no viene!

—¿Por qué, Lucía, si sabes que si no viene te da pena?

—¿Y no te pareció Pedro Real muy arrogante? Mira, mi

Ana, dame el secreto que tú tienes para que te quiera todo el mundo: porque ese caballero, es necesario que me quiera.

En un reloj de bronce labrado, embutido en un ancho plato de porcelana de ramos azules, dieron las dos.

—Lo ves, Ana, lo ves; ya Juan no viene—. Y se levantó Lucía; fue a uno de los jarrones de mármol colocados entre cada dos columnas, de las que de un lado y otro adornaban el sombreado patio; arrancó sin piedad de su tallo lustroso una camelia blanca, y volvió silenciosa a su mecedora, royéndole las hojas con los dientes.

—Juan viene siempre, Lucía.

Asomó en este momento por la verja dorada que dividía el zaguán de la antesala que se abría al patio, un hombre joven, vestido de negro, de quien se despedían con respeto y ternura uno de mayor edad, de ojos benignos y poblada barba, y un caballero entrado en largos años, triste, como quien ha vivido mucho, que retenía con visible placer la mano del joven entre las suyas:

—Juan, ¿por qué nació Vd. en esta tierra?

—Para honrarla si puedo, don Miguel, tanto como Vd. la ha honrado.

Fue la emoción visible en el rostro del viejo; y aún no había desaparecido del zaguán, de brazo del de la buena barba, cuando Lucía, demudado el rostro y temblándole en las pestañas las lágrimas, estaba en pie, erguida con singular firmeza, junto a la verja dorada, y decía, clavando en Juan sus dos ojos imperiosos y negros:

—Juan, ¿por qué no habías venido?

Adela estaba prendiendo en aquel momento en sus cabellos rubios un jazmín del Cabo.

Ana cosía un lazo azul a una gorrita de recién nacido, para la Casa de Expósitos.

—Fui a rogar, respondió Juan sonriendo dulcemente, que no apremiasen por la renta de este mes a la señora del Valle.

—¿A la madre de Sol? ¿de Sol del Valle?

Y pensando en la niña de la pobre viuda, que no había salido aún del colegio, donde la tenía por merced la Directora, se entró Lucía, sin volver ni bajar la cabeza, por las habitaciones interiores, en tanto que Juan, que amaba a quien lo amaba, la seguía con los ojos tristemente.

Juan Jerez era noble criatura. Rico por sus padres, vivía sin el encogimiento egoísta que desluce tanto a un hombre joven, mas sin aquella angustiosa abundancia, siempre menor que los gastos y apetitos de sus dueños, con que los ricuelos de poco sentido malgastan en empleos estúpidos, a que llaman placeres, la hacienda de sus mayores. De sí propio, y con asiduo trabajo, se había ido creando una numerosa clientela de abogado, en cuya engañosa profesión, entre nosotros perniciosamente esparcida, le hicieron entrar, más que su voluntad, dada a más activas y generosas labores, los deseos de su padre, que en la defensa de casos limpios de comercio había acrecentado el haber que aportó al matrimonio su esposa. Y así Juan Jerez, a quien la Naturaleza había puesto aquella coraza de luz con que reviste a los amigos de los hombres, vino, por esas preocupaciones legendarias que desfloran y tuercen la vida de las generaciones nuevas en nuestros países, a pasar, entre lances de curia que a veces le hacían sentir ansias y vuelcos, los años más hermosos de una juventud sazonada e impaciente, que veía en las desigualdades de la fortuna, en la miseria de los infelices, en los esfuerzos estériles de una minoría viciada por crear pueblos sanos y fecundos, de soledades tan ricas como desiertas, de poblaciones cuantiosas de indios míseros, objeto más digno que las controversias forenses del esfuerzo y calor de un corazón noble y viril.

Llevaba Juan Jerez, en el rostro pálido, la nostalgia de la acción, la luminosa enfermedad de las almas grandes, reducida por los deberes corrientes o las imposiciones del azar a oficios pequeños; y en los ojos llevaba como una desolación, que sólo cuando hacía un gran bien, o trabajaba en pro de un gran objeto, se le trocaba, como un rayo de sol que entra en una tumba, en centelleante júbilo. No se le dijera entonces un abogado de estos tiempos, sino uno de aquellos trovadores que sabían tallarse, hartos ya de sus propias canciones, en el mango de su

115

guzla[8], la empuñadura de una espada. El fervor de los cruzados encendía en aquellos breves instantes de heroica dicha su alma buena; y su deleite, que le inundaba de una luz parecida a la de los astros, era sólo comparable a la vasta amargura con que reconocía, a poco que en el mundo no encuentran auxilio, sino cuando convienen a algún interés que las vicia, las obras de pureza. Era de la raza selecta de los que no trabajan para el éxito, sino contra él. Nunca, en esos pequeños pueblos nuestros donde los hombres se encorvan tanto, ni a cambio de provechos ni de vanaglorias cedió Juan un ápice de lo que creía sagrado en sí, que era su juicio de hombre y su deber de no ponerlo con ligereza o por paga al servicio de ideas o personas injustas; sino que veía Juan su inteligencia como una investidura sacerdotal, que se ha de tener siempre de manera que no noten en ella la más pequeña mácula los feligreses; y se sentía Juan, allá en sus determinaciones de noble mozo, como un sacerdote de todos los hombres, que uno a uno tenía que ir dándoles perpetua cuenta, como si fuesen sus dueños, del buen uso de su investidura.

Y cuando veía que, como entre nosotros sucede con frecuencia, un hombre joven, de palabra llameante y talento privilegiado, alquilaba por la paga o por el puesto aquella insignia divina que Juan creía ver en toda superior inteligencia, volvía los ojos sobre sí como llamas que le quemaban, tal como si viera que el ministro de un culto, por pagarse la bebida o el juego, vendiese las imágenes de sus dioses. Estos soldados mercenarios de la inteligencia lo tachaban por eso de hipócrita, lo que aumentaba la palidez de Juan Jerez, sin arrancar de sus labios una queja. Y otros decían, con más razón aparente[9], —aunque no en el caso de él, —que aquella entereza de carácter no era grandemente meritoria en quien, rico desde la cuna, no había tenido que bregar por abrirse camino, como tantos de nuestros jóvenes pobres, en pueblos donde por vie-

[8] *guzla*. Instrumento de música de una sola cuerda de crin, a modo de rabel, con el que los trovadores acompañaban sus cantos.

[9] A partir de ahora encontraremos varias frases precedidas del guión largo, según la peculiar puntuación martiana, que con este signo indica una pausa mayor que la correspondiente a la simple coma. Se trata, pues, de una puntuación de efecto primordialmente prosódico.

jas tradiciones coloniales se da a los hombres una educación literaria, y aun ésta descosida e incompleta, que no halla luego natural empleo en nuestros países despoblados y rudimentarios, exuberantes, sin embargo, en fuerzas vivas, hoy desaprovechadas o trabajadas apenas, cuando para hacer prósperas a nuestras tierras y dignos a nuestros hombres no habría más que educarlos de manera que pudiesen sacar provecho del suelo providísimo en que nacen. A manejar la lengua hablada y escrita les enseñan, como único modo de vivir, en pueblos en que las artes delicadas que nacen del cultivo del idioma no tienen el número suficiente, no ya de consumidores, de apreciadores siquiera, que recompensen, con el precio justo de estos trabajos exquisitos, la labor intelectual de nuestros espíritus privilegiados. De modo que, como con el cultivo de la inteligencia vienen los gustos costosos, tan naturales en los hispanoamericanos como el color sonrosado en las mejillas de una niña quinceña; —como en las tierras calientes y floridas, se despierta temprano el amor, que quiere casa, y lo mejor que haya en la ebanistería para amueblarla, y la seda más joyante y la pedrería más rica para que a todos maraville y encele su dueña; como la ciudad, infecunda en nuestros países nuevos, retiene en sus redes suntuosas a los que fuera de ella no saben ganar el pan, ni en ella tienen cómo ganarlo, a pesar de sus talentos, bien así como un pasmoso cincelador de espadas de taza, que sabría poblar éstas de castellanas de larga amazona desmayadas en brazos de guerreros fuertes, y otras sutiles lindezas en plata y en oro, no halla empleo en un villorrio de gente labriega, que vive en paz, o al puñal o a los puños remite el término de sus contiendas; como con nuestras cabezas hispanoamericanas, cargadas de ideas de Europa y Norteamérica, somos en nuestros propios países a manera de frutos sin mercado, cual las excrecencias de la tierra, que le pesan y estorban, y no como su natural florecimiento, sucede que los poseedores de la inteligencia, estéril entre nosotros por su mala dirección, y necesitados para subsistir de hacerla fecunda, la dedican con exceso exclusivo a los combates políticos, cuando más nobles, produciendo así un desequilibrio entre el país escaso y su política sobrada, o, apremiados por las urgencias de la vida, sirvan al gobernante fuerte que les paga y corrompe, o trabajan por volcarle cuando, molestado aquél por nuevos menesterosos, les retira la paga abundante de sus funestos servicios. De estas pesadumbres públicas venían hablando el de la barba larga, el anciano de rostro triste, y Juan Jerez, cuando éste, ligado desde niño por amores a su prima Lucía, se entró en el zaguán de baldosas de mármol pulido, espaciosas y blancas como sus pensamientos.

La bondad es la flor de la fuerza. Aquel Juan brioso, que andaba siempre escondido en las ocasiones de fama y alarde, pero visible apenas se sabía de una prerrogativa de la patria desconocida o del decoro y albedrío de algún hombre hollados; aquel batallador temible y áspero, a quien jamás se atrevieron a llegar, avergonzadas de antemano, las ofertas y seducciones corruptoras a que otros vociferantes de temple venal habían prestado oídos; aquel que llevaba siempre en el rostro pálido y enjuto como el resplandor de una luz alta y desconocida, y en los ojos el centelleo de la hoja de una espada; aquel que no veía desdicha sin que creyese deber suyo remediarla, y se miraba como un delincuente cada vez que no podía poner remedio a una desdicha; aquel amantísimo corazón, que sobre todo desamparo vaciaba su piedad inagotable, y sobre toda humildad, energía o hermosura prodigaba apasionadamente su amor, había cedido, en su vida de libros y abstracciones, a la dulce necesidad, tantas veces funesta, de apretar sobre su corazón una manecita blanca. La de ésta o la de aquélla le importaban poco; y él, en la mujer, veía más el símbolo de las hermosuras ideales que un ser real.

Lo que en el mundo corre con nombre de buena fortuna, y no son, por lo común, de una parte o de otra, más que odiosas vilezas, habían salido, una que otra vez, al camino de aquel joven rico a cuyo rostro venía, de los adentros del alma, la irresistible belleza de un noble espíritu. Pero esas buenas fortunas, que en el primer instante llenan el corazón de los efluvios trastornadores de la primavera, y dan al hombre la autoridad confiada de quien posee y conquista; esos amoríos de ocasión, miel en el borde, hiel en el fondo, que se pagan con la moneda más valiosa y más cara, la de la propia limpieza; esos amores irregulares y sobresaltados, elegante disfraz de bajos apetitos, que se aceptan por desocupación o vanidad, y roen luego la vida, como úlceras, sólo lograron en el ánimo de Juan Jerez despertar el asombro de que, so pretexto o nombre de cariño, vivan hombres y mujeres, sin caer muertos de odio a sí mismos, en medio de tan torpes liviandades. Y no cedía a ellas, porque la repulsión que le inspiraba, cualesquiera que fuesen sus gracias, una mujer que cerca de la mesa de trabajo de su esposo o junto a la cuna de su hijo no temblaba de ofrecerlas, era mayor que las penosas satisfacciones que la complicidad con una amante liviana produce a un hombre honrado.

Era la de Juan Jerez una de aquellas almas infelices que sólo pueden hacer lo grande y amar lo puro. Poeta genuino, que sacaba de los espectáculos que veía en sí mismo, y de los dolores y sorpresas de su espíritu, unos versos extraños, adoloridos y profundos, que parecían dagas arrancadas de su propio pecho, padecía de esa necesidad de la belleza que, como un marchamo ardiente, señala a los escogidos del canto. Aquella razón serena, que los problemas sociales o las pasiones comunes no oscurecían nunca, se le ofuscaba hasta hacerle llegar a la prodigalidad de sí mismo, en virtud de un inmoderado agradecimiento. Había en aquel carácter una extraña y violenta necesidad del martirio, y si por la superioridad de su alma le era difícil hallar compañeros que se la estimaran y animasen, él, necesitado de darse, que en su bien propio para nada se quería, y se veía a sí mismo como una propiedad de los demás que guardaba él en depósito, se daba como un esclavo a cuantos parecían amarle y entender su delicadeza o desear su bien.

Lucía, como una flor que el sol encorva sobre su tallo débil cuando esplende en todo su fuego el mediodía; que como toda naturaleza subyugadora necesitaba ser subyugada; que de un modo confuso e impaciente, y sin aquel orden y humildad que revelan la fuerza verdadera, amaba lo extraordinario y poderoso, y gustaba de los caballos desalados, de los ascensos por la montaña, de las noches de tempestad y de los troncos abatidos; Lucía, que, niña aún, cuando parecía que la sobremesa de personas mayores en los gratos almuerzos de domingo debía fatigarle, olvidaba los juegos de su edad, y el coger las flores del jardín, y el ver andar en parejas por el agua clara de la fuente los pececillos de plata y de oro, y el peinar las plumas blandas de su último sombrero, por escuchar, hundida en su silla, con los ojos brillantes y abiertos, aquellas aladas palabras, grandes como águilas, que Juan reprimía siempre delante de gente extraña o común, pero dejaba salir a caudales de sus labios, como lanzas adornadas de cintas y de flores, apenas se sentía, cual pájaro perseguido en su nido caliente, entre almas buenas que le escuchaban con amor; Lucía, en quien un deseo se clavaba como en los peces se clavan los anzuelos, y de tener que renunciar a algún deseo, quedaba rota y sangrando, como cuando el anzuelo se le retira queda la carne del pez; Lucía, que con su encarnizado pensamiento había poblado el cielo que miraba, y los florales cuyas hojas gustaba de quebrar, y las paredes de la casa en que lo escribía con lápices de colores, y el pavimento a que con los brazos caídos sobre los de su mecedora solía quedarse mirando largamente, de aquel nombre adorado de Juan Jerez, que en todas partes por donde miraba le resplandecía, porque ella lo fijaba en todas partes con su voluntad y su mirada como los obreros de la fábrica de Eibar, en España, embuten los hilos de plata y de oro sobre la lámina negra del hierro esmerilado; Lucía, que cuando veía entrar a Juan, sentía resonar en su pecho unas como arpas que tuviesen alas, y abrirse en el aire, grandes como soles, unas rosas azules, ribeteadas de negro, y cada vez que lo veía salir, le tendía con desdén la mano fría, colérica de que se fuese, y no podía hablarle, porque se le llenaban de lágrimas los ojos; Lucía, en quien las flores de la edad escondían la lava candente que como las vetas de metales preciosos en las minas le culebreaban en el pecho; Lucía, que padecía de amarle, y le amaba irrevocablemente, y era bella a los ojos de Juan Jerez, puesto que era pura, sintió una noche, una noche de su santo, en que antes de salir para el teatro se abandonaba a sus pensamientos con una mano puesta sobre el mármol de un espejo, que Juan Jerez, lisonjeado por aquella magnífica tristeza, daba un beso, largo y blando, en su otra mano. Toda la habitación le pareció a Lucía llena de flores; del cristal del espejo creyó ver salir llamas; cerró los ojos, como se cierran siempre en todo instante de dicha suprema, tal como si la felicidad tuviese también su pudor, y para que no cayese en tierra, los mismos brazos de Juan Jerez tuvieron delicadamente que servir de apoyo a aquel cuerpo envuelto en tules blancos, de que en aquella hora de nacimiento parecía brotar luz. Pero Juan aquella noche se acostó triste, y Lucía misma, que amaneció junto a la ventana en su vestido de tules, abrigados los hombros en una aérea nube azul, se sentía aromada como un vaso de perfumes, pero seria y recelosa...

—Ana mía, Ana mía, aquí está Pedro Real. ¡Míralo qué arrogante!

—Arrodíllate, Adela: arrodíllate ahora mismo, le respondió dulcemente Ana, volviendo a ella su hermosa cabeza de ondulantes cabellos castaños; mientras que Juan, que venía de hacer paces con Lucía refugiada en la antesala, salía a la verja del zaguán a recibir al amigo de la casa.

Adela se arrodilló, cruzados los brazos sobre las rodillas de Ana; y Ana hizo como que le vendaba los labios con una cinta azul, y le dijo al oído, como quien ciñe un escudo o ampara de un golpe, estas palabras:

—Una niña honesta no deja conocer que le gusta un calavera, hasta que no haya recibido de él tantas muestras de respeto, que nadie pueda dudar que no la solicita para su juguete.

Adela se levantó riendo, y puestos los ojos, entre curiosos y burlones, en el galán caballero, que del brazo de Juan venía hacia ellas, los esperó de pie al lado de Ana, que con su serio continente, nunca duro, parecía querer atenuar en favor de Adela misma, su excesiva viveza. Pedro, aturdido y más amigo de las mariposas que de las tórtolas, saludó a Adela primero.

Ana retuvo un instante en su mano delgada la de Pedro, y con aquellos derechos de señora casada que da a las jóvenes la cercanía de la muerte.

—Aquí, le dijo, Pedro: aquí toda esta tarde a mi lado—. ¡Quién sabe si, enfrente de aquella hermosa figura de hombre joven, no le pesaba a la pobre Ana, a pesar de su alma de sacerdotisa, dejar la vida! ¡Quién sabe si quería sólo evitar

121

que la movible Adela, revoloteando en torno de aquella luz de belleza, se lastimase las alas!

Porque aquella Ana era tal que, por donde ella iba, resplandecía. Y aunque brillase el sol, como por encima de la gran magnolia estaba brillando aquella tarde, alrededor de Ana se veía una claridad de estrella. Corrían arroyos dulces por los corazones cuando estaban en presencia de ella. Si cantaba, con una voz que se esparcía por los adentros del alma, como la luz de la mañana por los campos verdes, dejaba en el espíritu una grata intranquilidad, como quien ha entrevisto, puesto por un momento fuera del mundo, aquellas musicales claridades que sólo en las horas de hacer bien, o de tratar a quien lo hace, distingue entre sus propias nieblas el alma. Y cuando hablaba aquella dulce Ana, purificaba.

Pedro era bueno, y comenzó a alabarle, no el rostro, iluminado ya por aquella luz de muerte que atrae a las almas superiores y aterra a las almas vulgares, sino el ajuar de niño a que estaba poniendo Ana las últimas cintas. Pero ya no era ella sola la que cosía, y armaba lazos, y los probaba en diferentes lados del gorro de recién nacido: Adela súbitamente se había convertido en una gran trabajadora. Ya no saltaba de un lugar a otro, como cuando juntas conversaban hacía un rato ella, Ana y Lucía, sino que había puesto su silla muy junto a la de Ana. Y ella también iba a estar sentada al lado de Ana toda la tarde. En sus mejillas pálidas, había dos puntos encendidos que ganaban en viveza a las cintas del gorro, y realzaban la mirada impaciente de sus ojos brillantes y atrevidos. Se le desprendía el cabello inquieto, como si quisiese, libre de redes, soltarse en ondas libres por la espalda. En los movimientos nerviosos de su cabeza, dos o tres hojas de la rosa encarnada que llevaba prendida en el peinado, cayeron al suelo. Pedro las veía caer. Adela, locuaz y voluble, ya andaba en la canastilla, ya revolvía en la falda de Ana los adornos del gorro, ya cogía como útil el que acababa de desechar con un mohín de impaciencia, ya sacudía y erguía un momento la ligera cabeza, fina y rebelde, como la de un potro indómito. Sobre las losas de mármol blanco se destacaban, como gotas de sangre, las hojas de rosa.

Se hablaba de aquellas cosas banales de que conversaba,

en estas tertulias de domingo, la gente joven de nuestros países. El tenor, ¡oh el tenor! había estado admirable. Ella se moría por las voces del tenor. Es un papel encantador el de Francisco I. Pero la señora de Ramírez, ¡cómo había tenido el valor de ir vestida con los colores del partido que fusiló a su esposo!, es verdad que se casa con un coronel del partido contrario, que firmó como auditor en el proceso del señor Ramírez. Es muy buen mozo el coronel, es muy buen mozo. Pero la señora Ramírez ha gastado mucho, y ya no es tan rica como antes: tuvo a siete bordadoras empleadas un mes en bordarle de oro el vestido de terciopelo que llevó a *Rigoletto*[10], era muy pesado el vestido. ¡Oh! ¿Y Teresa Luz? lindísima, Teresa Luz: bueno, la boca, sí, la boca no es perfecta, los labios son demasiado finos; ¡ah, los ojos! bueno, los ojos son un poco fríos, no calientan, no penetran: pero qué vaguedad tan dulce; hacen pensar en las espumas de la mar. Y, ¡cómo persigue a María Vargas ese caballerete que ha venido de París, con sus versos copiados de François Coppée[11], y su política de alquiler, que vino sirviendo a la oposición y ya está poco menos que con el Gobierno! El padre de María Vargas va a ser ministro y él quiere ser diputado. Elegante sí es. El peinado es ridículo, con la raya en mitad de la cabeza y la frente escondida bajo las ondas. Ni a las mujeres está bien eso de cubrirse la frente, donde está la luz del rostro. Que el cabello la sombree un poco con sus ondas naturales; pero ¿a qué cubrir la frente, espejo donde los amantes se asoman a ver su propia alma, tabla de mármol blanco donde se firman las promesas puras, nido de las manos lastimadas en los afanes de la vida? Cuando se padece mucho, no se desea un beso en los labios sino en la frente. Y ese mismo poetín lo dijo muy bien el otro día en sus versos «A una niña muerta»; era algo así como esto: Las rosas del alma suben a las mejillas: las estrellas del alma, a la frente. Hay algo de tenebroso y de in-

---

[10] Una de las óperas más célebres de Giuseppe Verdi, estrenada en 1851.
[11] François Coppée (1842-1908): uno de los poetas del parnasianismo francés más caros a Martí: en sus versos la plasticidad de la forma bella se encuentra sustentada por la fe en la armonía del universo y por un humanismo de marcado sello moral.

quietante en esas frentes cubiertas. No, Adela, no, a Vd. le está encantadora esa selva de ricitos: así pintaban en los cuadros de antes a los cupidos revoloteando sobre la frente de las diosas. No, Adela, no le hagas caso: esas frentes cubiertas me dan miedo. Es que ya se piensan unas cosas, que las mujeres se cubren la frente de miedo de que se las vean. Oh, no, Ana: ¿qué han de pensar Vds. más que jazmines y claveles? Pues que no, Pedro: rompa Vd. las frentes, y verá dentro, en unos tiestitos que parecen bocas abiertas, unas plantas secas, que dan unas florecitas redondas y amarillas. Y Ana iba así ennobleciendo la conversación, porque Dios le había dado el privilegio de las flores: el de perfumar. Adela, silenciosa hacía un momento, alzó la cabeza y mantuvo algún tiempo los ojos fijos delante de sí, viendo cómo el perfil céltico de Pedro, con su hermosa barba negra, se destacaba, a la luz sana de la tarde, sobre el zócalo de mármol que revestía una de las anchas columnas del corredor de la casa. Bajó la cabeza, y a este movimiento, se desprendió de ella la rosa encarnada, que cayó deshaciéndose a los pies de Pedro.

Juan y Lucía aparecieron por el corredor, ella como arrepentida y sumisa, él como siempre, sereno y bondadoso. Hermosa era la pareja, tal como se venían lentamente acercando al grupo de sus amigas en el patio. Altos los dos, Lucía, más de lo que sentaba a sus años y sexo, Juan, de aquella elevada estatura, realzada por las proporciones de las formas, que en sí misma lleva algo de espíritu, y parece dispuesta por la naturaleza al heroísmo y al triunfo. Y allá, en la penumbra del corredor, como un rayo de luz diese sobre el rostro de Juan, y de su brazo, aunque un poco a su zaga, venía Lucía, en la frente de él, vasta y blanca, parecía que se abría una rosa de plata: y de la de Lucía se veían sólo, en la sombra oscura del rostro, sus dos ojos llameantes, como dos amenazas.

—Está Ana imprudente, dijo Juan con su voz de caricia: ¿cómo no tiene miedo a este aire del crepúsculo?

—¡Pero si es ya el mío natural, Juan querido! Vamos, Pedro: déme el brazo.

—Pero pronto, Pedro, que ésta es la hora en que los aromas suben de las flores, y si no la haces presa, se nos escapa.

—¡Este Juan bueno! ¿No es verdad, Juan, que Lucía es una loca? Ya Adela y Pedro me están al lado cuchicheando, de apetito. Vamos, pues, que a esta hora la gente dichosa tiene deseo de tomar el chocolate.

El chocolate fragante les esperaba, servido en una mesa de ónix, en la linda antesala. Era aquél un capricho de domingo. Gustan siempre los jóvenes de lo desordenado e imprevisto. En el comedor, con dos caballeros de edad, discutía las cosas públicas el buen tío de Lucía y Ana, caballero de gorro de seda y pantuflas bordadas. La abuelita de la casa, la madre del señor tío, no salía ya de su alcoba, donde recordaba y rezaba.

La antesala era linda y pequeña, como que se tiene que ser pequeño para ser lindo. De unos tulipanes de cristal trenzado, suspendidos en un ramo del techo por un tubo oculto entre hojas de tulipán simuladas en bronce, caía sobre la mesa de ónix la claridad anaranjada y suave de la lámpara de luz eléctrica e incandescente. No había más asientos que pequeñas mecedoras de Viena, de rejilla menuda y madera negra. El pavimento de mosaico de colores tenues que, como el de los atrios de Pompeya, tenía la inscripción «Salve», en el umbral, estaba lleno de banquetas revueltas, como de habitación en que se vive: porque las habitaciones se han de tener lindas, no para enseñarlas, por vanidad, a las visitas, sino para vivir en ellas. Mejora y alivia el contacto constante de lo bello. Todo en la tierra, en estos tiempos negros, tiende a rebajar el alma, todo, libros y cuadros, negocios y afectos, ¡aun en nuestros países azules! Conviene tener siempre delante de los ojos, alrededor, ornando las paredes, animando los rincones donde se refugia la sombra, objetos bellos, que la coloreen y la disipen.

Linda era la antesala, pintado el techo con los bordes de guirnaldas de flores silvestres, las paredes cubiertas en sus marcos de borde liso dorado, de cuadros de Madrazo[12] y de

---

[12] Se refiere al pintor español Raimundo Madrazo (1841-1920), miembro de una familia de célebres pintores. Se dedicó al cuadro costumbrista y al retrato, según una técnica realista que evoluciona progresivamente hacia el impresionismo. Martí le dedica un elogioso artículo en *The Hour* (Nueva York, 1880), que puede leerse en el tomo 15 de sus *Obras completas*.

Nittis[13], de Fortuny[14] y de Pasini[15], grabados en Goupil[16]; de dos en dos estaban colgados los cuadros, y entre cada dos grupos de ellos, un estantillo de ébano, lleno de libros, no más ancho que los cuadros, ni más alto ni bajo que el grupo. En la mitad del testero[17] que daba frente a la puerta del corredor, una esbelta columna de mármol negro sustentaba un aéreo busto de la Mignon de Goethe[18], en mármol blanco, a cuyos pies, en un gran vaso de porcelana de Tokío, de ramazones azules, Ana ponía siempre mazos de jazmines y de lirios. Una vez la traviesa Adela había colgado al cuello de Mignon una guirnalda de claveles encarnados. En este testero no había libros, ni cuadros que no fuesen grabados de episodios de la vida de la triste niña, y distribuidos como un halo en la pared en derredor del busto. Y en las esquinas de la habitación, en caballetes negros, sin ornamentos dorados, ostentaban su rica encuadernación cuatro grandes volúmenes: «El Cuervo» de Edgar Poe, el Cuervo desgarrador y fatídico, con láminas de Gustavo Doré[19], que

[13] Giuseppe de Nittis (1846-1884): pintor italiano que recreó de modo realista diversas escenas callejeras de París y de Londres. No obstante, algunas obras suyas figuraron en la histórica «Exposición de impresionistas», celebrada en París en 1874; allí es donde Martí debió de conocer su pintura.

[14] Mariano José Fortuny (1846-1884) es uno de los grandes pintores españoles del XIX, cuya producción abarca géneros muy diversos: desde las escenas históricas de su época hasta el retrato y los paisajes. Fue el primer impresionista de la pintura española y contó con un gran número de discípulos. Martí lo admira y le dedica otro artículo en 1880 (*The Hour,* Nueva York; recogido en el tomo 15 de sus *O. C.*).

[15] Alberto Pasini (1826-1897): pintor italiano de estilo realista. Viajó a Persia en su juventud y a ello se debe, en gran parte, la profusión de asuntos orientales en sus cuadros.

[16] Adolfo Goupil (1806-1893): comerciante francés de obras de arte. Más tarde convierte su negocio en una empresa editorial que publica obras pictóricas y grabados de artistas muy destacados de su tiempo.

[17] Debe entenderse aquí como *estantería.*

[18] *Mignon.* Personaje femenino de una balada de Goethe compuesta en 1783, que reaparece en sus novelas *La misión teatral de Wilhelm Meister* y *Los años de aprendizaje de Wilhelm Meister.* Se trata de una bella muchacha italiana que Wilhelm Meister ha rescatado de una compañía de gitanos. Mignon siente una profunda nostalgia de su país: por ello el personaje representa la nostalgia del bien perdido y el deseo de armonía con la naturaleza, considerada como máxima fuente de vida.

[19] Gustavo Doré (1833-1883): pintor francés especialmente conocido por

se llevan la mente por los espacios vagos en alas de caballos sin freno: el «Rubaiyat»[20], el poema persa, el poema del vino moderado y las rosas frescas, con los dibujos apodícticos del norteamericano Elihu Vedder; un rico ejemplar manuscrito, empastado en seda lila, de «Las Noches», de Alfredo de Musset[21]; y un «Wilhelm Meister», el libro de Mignon, cuya pasta original, recargada de arabescos insignificantes, había hecho reemplazar Juan, en París, por una de tafilete negro mate embutido con piedras preciosas: topacios tan claros como el alma de la niña, turquesas, azules como sus ojos; no esmeraldas, porque no hubo en aquella vaporosa vida; ópalos, como sus sueños; y un rubí grande y saliente, como su corazón hinchado y roto. En aquel singular regalo a Lucía, gastó Juan sus ganancias de un año. Por los bajos de la pared, y a manera de sillas, había, en trípodes de ébano, pequeños vasos chinos, de colores suaves, con mucho amarillo y escaso rojo. Las paredes, pintadas al óleo, con guirnaldas de flores, eran blancas. Causaba aquella antesala, en cuyo arreglo influyó Juan, una impresión de fe y de luz.

Y allí se sentaron los cinco jóvenes, a gustar en sus tazas de coco el rico chocolate de la casa, que en hacerlo fragante era famosa. No tenía mucho azúcar, ni era espeso. ¡Para gente mayor, el chocolate espeso! Adela, caprichosa, pedía para sí la taza que tuviese más espuma.

—Esta, Adela: le dijo Juan, poniendo ante ella, antes de sentarse, una de las tazas de coco negro, en la que la espuma hervía, tornasolada.

---

sus ilustraciones de grandes obras de la literatura universal. Afincado en el más puro romanticismo, sus escenas se hallan dotadas de una poderosa fantasía y de grandes efectos dramáticos, a los que se añade con frecuencia el ingrediente del humor grotesco.

[20] *Rubaiyat.* Largo poema en cuartetas atribuido al persa Omar Khayàm (m. 1123); en él se exaltan la naturaleza y los placeres de la vida con ardientes notas sensuales, al tiempo que se concibe el destino del hombre como un indescifrable misterio.

[21] *Las Noches,* de Alfredo de Musset (Francia, 1810-1857), contiene sus poemas más genuinamente románticos, donde la experiencia amorosa da pie a profundas indagaciones en el dolor y la soledad del ser humano.

—¡Malvado! le dijo Adela, mientras que todos reían; ¡me has dado la de la ardilla!

Eran unas tazas, extrañas también, en que Juan, amigo de cosas patrias, había sabido hacer que el artífice combinara la novedad y el arte. Las tazas eran de esos coquillos negros de óvalo perfecto, que los indígenas realzan con caprichosas labores y leyendas, sumisas éstas como su condición, y aquéllas pomposas, atrevidas y extrañas, muy llenas de alas y de serpientes, recuerdos tenaces de un arte original y desconocido que la conquista hundió en la tierra, a botes de la lanza. Y estos coquillos negros estaban muy pulidos por dentro, y en todo su exterior trabajados en relieve sutil como encaje. Cada taza descansaba en una trípode de plata, formada por un atributo de algún ave o fiera de América, y las dos asas eran dos preciosas miniaturas, en plata también, del animal simbolizado en la trípode. En tres colas de ardilla se asentaba la taza de Adela, y a su chocolate se asomaban las dos ardillas, como a un mar de nueces. Dos quetzales altivos, dos quetzales de cola de tres plumas, larga la del centro como una flecha verde, se asían a los bordes de la taza de Ana: ¡el quetzal noble, que cuando cae cautivo o ve rota la pluma larga de su cola, muere! Las asas de la taza de Lucía eran dos pumas elásticos y fieros, en la opuesta colocación de dos enemigos que se acechan: descansaba sobre tres garras de puma, el león americano. Dos águilas eran las asas de la de Juan; y la de Pedro, la del buen mozo Pedro, dos monos capuchinos.

Juan quería a Pedro, como los espíritus fuertes quieren a los débiles, y como, a modo de nota de color o de grano de locura, quiere, cual forma suavísima del pecado, la gente que no es ligera a la que lo es.

Los hombres austeros tienen en la compañía momentánea de esos pisaverdes alocados el mismo género de placer que las damas de familia que asisten de tapadillo a un baile de máscaras. Hay cierto espíritu de independencia en el pecado, que lo hace simpático cuando no es excesivo. Pocas son por el mundo las criaturas que, hallándose con las encías provistas de dientes, se deciden a no morder, o reconocen que hay un placer más profundo que el de hincar los dientes, y es no usarlos. Pues,

¿para qué es la dentadura, se dicen los más, sobre todo cuando la tienen buena, sino para lucirla, y triturar los manjares que se lleven a la boca? Y Pedro era de los que lucían la dentadura.

Incapaz, tal vez, de causar mal en conciencia, el daño estaba en que él no sabía cuándo causaba mal, o en que, siendo la satisfacción de un deseo, él no veía en ella mal alguno, sino que toda hermosura, por serlo, le parecía de él, y en su propia belleza, la belleza funesta de un hombre perezoso y adocenado, veía como un título natural, título de león, sobre los bienes de la tierra, y el mayor de ellos, que son sus bellas criaturas. Pedro tenía en los ojos aquel discreto centelleo que subyuga y convida: en actos y palabras, la insolente firmeza que da la costumbre de la victoria, y en su misma arrogancia tal olvido de que la tenía, que era la mayor perfección y el más temible encanto de ella.

Viajero afortunado; con el caudal ya corto de su madre, por tierras de afuera, perdió en ellas, donde son pecadillos las que a nosotros nos parecen con justicia infamias, aquel delicado concepto de la mujer sin el que, por grandes esfuerzos que haga luego la mente, no le es lícito gozar, puesto que no le es lícito creer en el amor de la más limpia criatura. Todos aquellos placeres que no vienen derechamente y en razón de los afectos legítimos, aunque sean champaña de la vanidad, son acíbar de la memoria. Eso en los más honrados, que en los que no lo son, de tanto andar entre frutas estrujadas, llegan a enviciarse los ojos de manera que no tienen más arte ni placer que los de estrujar frutas. Sólo Ana, de cuantas jóvenes había conocido a su vuelta de las malas tierras de afuera, le había inspirado, aun antes de su enfermedad, un respeto que en sus horas de reposo solía trocarse en un pensamiento persistente y blando. Pero Ana se iba al cielo: Ana, que jamás hubiera puesto a aquel turbulento mancebo de señor de su alma apacible, como un palacio de nácar; pero que, por esa fatal perversión que atrae a los espíritus desemejantes, no había visto sin un doloroso interés y una turbación primaveral, aquella rica hermosura de hombre, airosa y firme, puesta por la naturaleza como vestidura a un alma escasa, tal como suelen algunos cantantes transportar a inefables deliquios y etéreas esferas a sus oyentes, con la expresión en notas querellosas y cristalinas, blancas como las palomas o agudas como puñales, de pasiones que sus espíritus burdos son incapaces de entender ni de sentir. ¿Quién no ha visto romper en actos y palabras brutales contra su delicada mujer a un tenor que acaba de cantar, con sobrehumano poder, el «Spirto Gentil» de la *Favorita*?[22] Tal la hermosura sobre las almas escasas.

Y Juan, por aquella seguridad de los caracteres incorruptibles, por aquella benignidad de los espíritus superiores, por aquella afición a lo pintoresco de las imaginaciones poéticas, y por lazos de niño, que no se rompen sin gran dolor del corazón, Juan quería a Pedro.

Hablaban de las últimas modas, de que en París se rehabilita el color verde, de que en París, decía Pedro, nada más se vive.

—Pues yo no, decía Ana. Cuando Lucía sea ya señora formal, adonde vamos los tres es a Italia y a España: ¿verdad, Juan?

—Verdad, Ana. Adonde la Naturaleza es bella y el arte ha sido perfecto. A Granada, donde el hombre logró lo que no ha logrado en pueblo alguno de la tierra: cincelar en las piedras sus sueños; a Nápoles, donde el alma se siente contenta, como si hubiera llegado a su término. ¿Tú no querrás, Lucía?

—Yo no quiero que tú veas nada, Juan. Yo te haré en ese cuarto la Alhambra, y en este patio Nápoles; y tapiaré las puertas, ¡y así viajaremos!

Rieron todos; pero Adela ya había echado camino de París, quién sabe con qué compañero, los deseos alegres. Ella quería saberlo todo, no de aquella tranquila vida interior y regalada, al calor de la estufa, leyendo libros buenos, después de curiosear discretamente por entre las novedades francesas, y estudiar con empeño tanta riqueza artística como París encierra; sino la vida teatral y nerviosa, la vida de museo que en París generalmente se vive, siempre en pie, siempre cansado, siempre adolorido; la vida de las heroínas de teatro, de las gentes que se enseñan, damas que enloquecen, de los nababs[23] que deslumbran con el pródigo empleo de su fortuna.

Y mientras que Juan, generoso, dando suelta al espíritu

---

[22] Una de las grandes óperas de Donizetti (1797-1848), estrenada en 1840.
[23] *nabab:* hombre sumamente rico.

impaciente, sacaba ante los ojos de Lucía, para que se fuese aquietando el carácter, y se preparara a acompañarle por el viaje de la existencia, las interioridades luminosas de su alma peculiar y excelsa, y decía cosas que, por la nobleza que enseñaban o la felicidad que prometían, hacían asomar lágrimas de ternura y de piedad a los ojos de Ana —Adela y Pedro[24], en plena Francia, iban y venían, como del brazo, por bosques y bulevares. «La Judic ya no se viste con Worth. La mano de la Judic es la más bonita de París. En las carreras es donde se lucen los mejores vestidos. ¡Qué linda estaría Adela, en el pescante de un coche de carreras, con un vestido de lila muy suave, adornado con pasamanería de plata! ¡Ah, y con un guía como Pedro, que conocía tan bien la ciudad, qué pronto no se estaría al corriente de todo! ¡Allí no se vive con estas trabas de aquí, donde todo es malo! La mujer es aquí una esclava disfrazada: allí es donde es la reina. Eso es París ahora: el reinado de la mujer. Acá, todo es pecado: si se sale, si se entra, si se da el brazo a un amigo, si se lee un libro ameno. ¡Pero ésa es una falta de respeto, eso es ir contra las obras de la naturaleza! ¿Porque una flor nace en un vaso de Sevres, se la ha de privar del aire y de la luz? ¿Porque la mujer nace más hermosa que el hombre, se le ha de oprimir el pensamiento, y so pretexto de un recato gazmoño, obligarla a que viva escondiendo sus impresiones, como un ladrón esconde su tesoro en una cueva? Es preciso, Adelita, es preciso. Las mujeres más lindas de París son las sudamericanas. ¡Oh, no habría en París otra tan chispeante como ella!»

—Vea, Pedro, interrumpió a este punto Ana, con aquella sonrisa suya que hacía más eficaces sus reproches, déjeme quieta a Adela. Vd. sabe que yo pinto, ¿verdad?

—Pinta unos cuadritos que parecen música; todos llenos de una luz que sube; con muchos ángeles y serafines. ¿Por qué no nos enseñas el último, Ana mía? Es lindísimo, Pedro, y sumamente extraño.

---

[24] La raya o guión largo, como he indicado, señala en Martí una pausa mayor que la correspondiente a la coma. En este caso también cumple la función de poner término a la proposición subordinada temporal de estructura acumulativa y subrayar el comienzo de la proposición principal: «—Adela y Pedro...».

—¡Adela, Adela!

—De veras que es muy extraño. Es como una esquina de jardín y el cielo es claro, muy claro y muy lindo. Un joven... muy buen mozo... vestido con un traje gris muy elegante, se mira las manos asombrado. Acaba de romper un lirio, que ha caído a sus pies, y le han quedado las manos manchadas de sangre.

—¿Qué le parece, Pedro, de mi cuadro?

—Un éxito seguro. Yo conocí en París a un pintor de México, un Manuel Ocaranza[25], que hacía cosas como esas.

—Entre los caballeros que rompen o manchan lirios quisiera yo que tuviese éxito mi cuadro. ¡Quién pintara de veras, y no hiciera esos borrones míos! Pedro: borrón y todo, en cuanto me ponga mejor, voy a hacer una copia para Vd.

—¡Para mí! Juan, ¿por qué no es éste el tiempo en que no era mal visto que los caballeros besasen la mano a las damas?

—Para Vd., pero a condición de que lo ponga en un lugar tan visible que por todas partes le salte a los ojos. Y ¿por qué estamos hablando ahora de mis obras maestras? ¡Ah! porque Vd. me le hablaba a Adela mucho de París. ¡Otro cuadro voy a empezar en cuanto me ponga buena! Sobre una colina voy a pintar un monstruo sentado. Pondré la luna en cénit, para que caiga de lleno sobre el lomo del monstruo, y me permita simular con líneas de luz en las partes salientes los edificios de París más famosos. Y mientras la luna le acaricia el lomo, y se ve por el contraste del perfil luminoso toda la negrura de su cuerpo, el monstruo, con cabeza de mujer, estará devorando rosas. Allá por un rincón se verán jóvenes flacas y desmelenadas que huyen, con las túnicas rotas, levantando las manos al cielo.

—Lucía, dijo Juan reprimiendo mal las lágrimas, al oído de su prima, siempre absorta: ¡y que esta pobre Ana se nos muera!

---

[25] Manuel Ocaranza: pintor mejicano de escenas costumbristas y paisajes, que recibió gran influencia del impresionismo francés. Fue amigo de Martí, que lo cita con admiración en un artículo para *La Nación* de Buenos Aires (13 de junio de 1885), recogido en las *O. C.,* ed. cit., t. 10, pág. 231. Debió de morir alrededor de 1882, ya que, con motivo de su fallecimiento, Martí le dedica el extenso poema «Flor de hielo», incluido en los *Versos libres*.

Pedro no hallaba palabras oportunas, sino aquella confusión y malestar que la gente dada a la frivolidad y el gozo experimenta en la compañía íntima de una de esas criaturas que pasan por la tierra, a manera de visión, extinguiéndose plácidamente, con la feliz capacidad de adivinar las cosas puras, sobrehumanas, y la hermosa indignación por la batalla de apetitos feroces en que se consume la tierra.

—De fieras, yo conozco dos clases, decía una vez Ana: una se viste de pieles, devora animales, y anda sobre garras; otra se viste de trajes elegantes, come animales y almas y anda sobre una sombrilla o un bastón. No somos más que fieras reformadas.

Aquella Ana, cuando estaba en la intimidad, solía decir de estas cosas singulares. ¿Dónde había sufrido tanto la pobre niña apenas salida del círculo de su casa venturosa, que así había aprendido a conocer y perdonar? ¿Se vive antes de vivir? ¿O las estrellas, ganosas de hacer un viaje de recreo por la tierra, suelen por algún tiempo alojarse en un cuerpo humano? ¡Ay! por eso duran tan poco los cuerpos en que se alojan las estrellas.

—¿Conque Ana pinta, y «La Revista de Artes» está buscando cuadros de autores del país que dar a conocer, y este Juan pecador no ha hecho ya publicar esas maravillas en «La Revista»?

—Esta Ana nuestra, Pedro, se nos enoja de que la queramos sacar a luz. Ella no quiere que se vean sus cuadros hasta que no los juzgue bastante acabados para resistir la crítica. Pero la verdad es, Ana, que Pedro Real tiene razón.

—¿Razón, Pedro Real? dijo Ana con una risa cristalina, de madre generosa. No, Juan. Es verdad que las cosas de arte que no son absolutamente necesarias, no deben hacerse sino cuando se pueden hacer enteramente bien, y estas cosas que yo hago, que veo vivas y claras en lo hondo de mi mente, y con tal realidad que me parece que las palpo, me quedan luego en la tela tan contrahechas y duras que creo que mis visiones me van a castigar, y me regañan, y toman mis pinceles de la caja, y a mí de una oreja, y me llevan delante del cuadro para que vea cómo borran coléricas la mala pintura que hice de ellas. Y luego, ¿qué he de saber yo, sin más dibujo que el que me enseñó el señor Mazuchellí, ni más colores que estos tan pálidos que saco de mí misma?

Seguía Lucía con ojos inquietos la fisonomía de Juan, profundamente interesado en lo que, en uno de esos momentos de explicación de sí mismos que gustan de tener los que llevan algo en sí y se sienten morir, iba diciendo Ana. ¡Qué Juan aquél, que la tenía al lado, y pensaba en otra cosa! Ana, sí, Ana era muy buena; pero ¿qué derecho tenía Juan a olvidarse tanto de Lucía, y estando a su lado, poner tanta atención en las rarezas de Ana? Cuando ella estaba a su lado, ella debía ser su único pensamiento. Y apretaba sus labios; se le encendían de pronto, como de un vuelco de sangre las mejillas; enrollaba nerviosamente en el dedo índice de la mano izquierda un finísimo pañuelo de batista y encaje. Y lo enrolló tanto y tanto, y lo desenrollaba con tal violencia, que yendo rápidamente de una mano a la otra, el lindo pañuelo parecía una víbora, una de esas víboras blancas que se ven en la costa yucateca.

—Pero no es por eso por lo que no enseño yo a nadie mis cuadritos, siguió Ana; sino porque cuando los estoy pintando, me alegro o me entristezco como una loca, sin saber por qué: salto de contento, yo que no puedo saltar ya mucho, cuando creo que con un rasgo de pincel le he dado a unos ojos, o a la tórtola viuda que pinté el mes pasado, la expresión que yo quería; y si pinto una desdicha, me parece que es de veras, y me paso horas enteras mirándola, o me enojo conmigo misma si es de aquellas que yo no puedo remediar, como en esas dos telitas mías que tú conoces, Juan, «La madre sin hijo», y el hombre que se muere en un sillón, mirando en la chimenea el fuego apagado: «El hombre sin amor». No se ría, Pedro, de esta colección de extravagancias. Ni diga que estos asuntos son para personas mayores; las enfermas son como unas viejitas, y tienen derecho a esos atrevimientos.

—Pero, ¿cómo, le dijo Pedro subyugado, no han de tener sus cuadros todo el encanto y el color de ópalo de su alma?

—¡Oh! ¡oh! a lisonja llaman: vea que ya no es de buen gusto ser lisonjero. La lisonja en la conversación, Pedro, es ya como la Arcadia en la pintura: ¡cosa de principiantes!

—Pero, ¿por qué decías, puso aquí Juan, que no querías exhibir tus cuadros?

—Porque, como desde que los imagino hasta que los acabo voy poniendo en ellos tanto de mi alma, al fin ya no llegan a ser telas, sino mi alma misma, y me da vergüenza de que me la vean, y me parece que he pecado con atreverme a asuntos que están mejor para nube que para colores, y como sólo yo sé cuánta paloma arrulla, y cuánta violeta se abre, y cuánta estrella luce lo que pinto; como yo sola siento cómo me duele el corazón, o se me llena todo el pecho de lágrimas o me laten las sienes, como si me las azotasen alas, cuando estoy pintando; como nadie más que yo sabe que esos pedazos de lienzo, por desdichados que me salgan, son pedazos de entrañas mías en que he puesto con mi mejor voluntad lo mejor que hay en mí, ¡me da como una soberbia de pensar que si los enseño en público, uno de esos críticos sabios o caballerines presuntuosos me diga, por lucir un nombre recién aprendido de pintor extranjero, o una linda frase, que esto que yo hago es de Chaplin o de Lefèvre[26], o a mi cuadrito «Flores vivas», que he descargado sobre él una escopeta llena de colores! ¿Te acuerdas? ¡como si no supiera yo que cada flor de aquellas es una persona que yo conozco, y no hubiera yo estudiado tres o cuatro personas de un mismo carácter, antes de simbolizar el carácter en una flor; como si no supiese yo quién es aquella rosa roja, altiva, con sombras negras, que se levanta por sobre todas las demás en su tallo sin hojas, y aquella otra flor azul que mira al cielo como si fuera a hacerse pájaro y a tender a él las alas, y aquel aguinaldo lindo que trepa humildemente, como un niño castigado, por el tallo de la rosa roja. ¡Malos! ¡escopeta cargada de colores!

—Ana: yo sí que te recogería a ti, con tu raíz, como una flor, y en aquel gran vaso indio que hay en mi mesa de escribir, te tendría perpetuamente, para que nunca se me desconsolase el alma.

—Juan, dijo Lucía, como a la vez conteniéndose y levan-

---

[26] Charles-Josuah Chaplin (1825-1891) y Jules Lefèvre (1836-1912) son dos pintores románticos franceses dedicados al retrato femenino, que realizan con elegancia y ensoñación idealista.

tándose: ¿quieres venir a oír el «M'odi tu», que me trajiste el sábado? ¡No lo has oído todavía!

—¡Ah! y a propósito, no saben Vds., dijo Pedro como poniéndose ya en pie para despedirse, que la cabeza ideal que ha publicado en su último número «La Revista de Artes»...

—¿Qué cabeza? preguntó Lucía, ¿una que parece de una virgen de Rafael, pero con ojos americanos, con un talle que parece el cáliz de un lirio?

—Esa misma, Lucía: pues no es una cabeza ideal, sino la de una niña que va a salir la semana que viene del colegio, y dicen que es un pasmo de hermosura: es la cabeza de Leonor del Valle.

Se puso en pie Lucía con un movimiento que pareció un salto; y Juan alzó del suelo, para devolvérselo, el pañuelo, roto.

Las chicas Lucía, Ana y Adela.
imagenes de flores
Habla de Juan Jerez
Viene Pedro Real
Describe la antesala
y habla de arte
Escena de chocolate
las flores en las tazas
de chocolate (son símbolos)
Juan quería a Pedro
episodio
Introduce la personaje
Leonor del Valle por
Juan
Lucía tiene celos

Capítulo II

Como veinte años antes de la historia que vamos narrando, llegaron a la ciudad donde sucedió, un caballero de mediana edad y su esposa, nacidos ambos en España, de donde, en fuerza de cierta indómita condición del honrado D. Manuel del Valle, que le hizo mal mirado de las gentes del poder como cabecilla y vocero de las ideas liberales, decidió al fin salir el Sr. D. Manuel; no tanto porque no le bastase al sustento su humilde mesa de abogado de provincia, cuanto porque siempre tenía, por moverse o por estarse quedo, al guindilla, como llaman allá al policía, encima; y porque, a consecuencia de querer la libertad limpia y para buenos fines, se quedó con tan pocos amigos entre los mismos que parecían defenderla, y lo miraban como a un celador enojoso, que esto más le ayudó a determinar, de un golpe de cabeza, venir a «las Repúblicas de América», imaginando que, donde no había reina liviana, no habría gente oprimida, ni aquella traílla de cortesanos perezosos y aduladores, que a D. Manuel le parecían vergüenza rematada de su especie, y, por ser hombre él, como un pecado propio.

Era de no acabar de oírle, y tenerle que rogar que se calmase, cuando con aquel lenguaje pintoresco y desembarazado recordaba, no sin su buena cerrazón de truenos y relámpagos y unas amenazas grandes como torres, los bellacos oficios de tal o de cual marquesa, que auxiliando ligerezas ajenas querían hacer, por lo comunes, menos culpables las propias; o tal historia de un capitán de guardias, que pareció bien en la corte con su ruda belleza de montañés y su cabello abundante y alborotado, y apenas entrevió su buena fortuna tomó prestados unos dineros, con que enrizarse en lo

137

del peluquero la cabellera, y en lo del sastre vestir de paño bueno, y en lo del calzador comprarse unos botitos, con que estar galán en la hora en que debía ir a palacio, donde al volver el capitán con estas donosuras, pareció tan feo y presumido que en poco estuvo que perdiese algo más que la capitanía. Y de unas jiras, o fiestas de campo, hablaba de tal manera D. Manuel, así como de ciertas cenas en la fonda de un francés, que cuando contaba de ellas no podía estar sentado; y daba con el puño sobre la mesa que le andaba cerca, como para acentuar las palabras, y arreciaban los truenos, y abría cuantas ventanas o puertas hallaba a mano. Se desfiguraba el buen caballero español, de santa ira, la cual, como apenado luego de haberle dado riendas en tierra que al fin no era la suya, venía siempre a parar en que D. Manuel tocase en la guitarra que se había traído cuando el viaje, con una ternura que solía humedecer los ojos suyos y los ajenos, unas serenatas de su propia música, que más que de la rondalla aragonesa que le servía como de arranque y *ritornello*, tenía de desesperada canción de amores de un trovador muerto de ellos por la dama de un duro castellano, en un castillo, allá tras de los mares, que el trovador no había de ver jamás.

En esos días la linda doña Andrea, cuyas largas trenzas de color castaño eran la envidia de cuantas se las conocían, extremaba unas pocas habilidades de cocina, que se trajo de España, adivinando que complacería con ellas más tarde a su marido. Y cuando en el cuarto de los libros, que en verdad era la sala de la casa, centelleaba D. Manuel, sacudiéndose más que echándose sobre uno y otro hombro alternativamente los cabos de la capa que so pretexto de frío se quitaba raras veces, era fijo que andaba entrando y saliendo por la cocina, con su cuerpo elegante y modesto, la buena señora doña Andrea, poniendo mano en un pisto manchego, o aderezando unas farinetas[1] de Salamanca que a escondidas había pedido a sus parientes de España, o preparando, con más voluntad que arte, un arroz con chorizo, de cuyos primores, que acababan de calmar las iras del republicano, jamás dijo

---

[1] *farinetas:* comida compuesta de harina cocida con agua y sal, la cual se puede aderezar con leche, miel u otro aliño.

138

mal don Manuel del Valle, aun cuando en sus adentros reconociese que algo se había quemado allí, o sufrido accidente mayor: o los chorizos, o el arroz, o entrambos. ¡Fuera de la patria, si piedras negras se reciben de ella, de las piedras negras parece que sale luz de astro!

Era de acero fino D. Manuel, y tan honrado, que nunca, por muchos que fueran sus apuros, puso su inteligencia y saber, ni excesivos ni escasos, al servicio de tantos poderosos e intrigantes como andan por el mundo, quienes suelen estar prontos a sacar de agonía a las gentes de talento menesterosas, con tal que éstas se presten a ayudar con sus habilidades el éxito de las tramas con que aquéllos promueven y sustentan su fortuna: de tal modo que, si se va a ver, está hoy viviendo la gente con tantas mañas, que es ya hasta de mal gusto ser honrado.

En este diario y en aquel, no bien puso el pie en el país, escribió el Sr. Valle con mano ejercitada, aunque un tanto febril y descompuesta, sus azotainas contra la monarquía y vilezas que engendra, y sus himnos, encendidos como cantos de batalla, en loor de la libertad, de que «los campos nuevos y los altos montes y los anchos ríos de esta linda América, parecen natural sustento».

Mas a poco de esto, hacía veinticinco años a la fecha de nuestra historia, tales cosas iba viendo nuestro señor D. Manuel que volvió a tomar la capa, que por inútil había colocado en el rincón más hondo del armario, y cada día se fue callando más, y escribiendo menos, y arrebujándose mejor en ella, hasta que guardó las plumas, y muy apegado ya a la clemente temperatura del país y al dulce trato de sus hijos para pensar en abandonarlo, determinó abrir escuela; si bien no introdujo en el arte de enseñar, por no ser aún éste muy sabido tampoco en España, novedad alguna que acomodase mejor a la educación de los hispanoamericanos fáciles y ardientes, que los torpes métodos en uso, ello es que con su Iturzaeta[2] y su Aritmética de Krüger y su Dibujo Lineal, y

---

[2] Iturzaeta. Se refiere al célebre calígrafo español José Francisco Iturzaeta (1788-1855), que ocupó varios cargos importantes en la enseñanza del país. Su *Caligrafía para niños* se estudiaba en todos los colegios españoles.

unas encendidas lecciones de historia, de que salía bufando y escapando Felipe Segundo como comido de llamas, el señor Valle sacó una generación de discípulos un tanto románticos y dados a lo maravilloso, pero que fueron a su tiempo mancebos de honor y enemigos tenaces de los gobiernos tiránicos. Tanto que hubo vez en que, por cosas como las de poner en su lugar a Felipe Segundo, estuvo a punto el señor D. Manuel de ir, con su capa y su cuaderno de Iturzaeta, a dar en manos de los guindillas americanos «en estas mismísimas Repúblicas de América». A la fecha de nuestra historia, hacía ya unos veinticinco años de esto.

Tan casero era D. Manuel, que apenas pasaba año sin que los discípulos tuviesen ocasión de celebrar, cuál con una gallina, cuál con un par de pichones, cuál con un pavo, la presencia de un nuevo ornamento vivo de la casa[3].

—Y ¿qué ha sido, D. Manuel? ¿Algún Aristogitón[4] que haya de librar a la patria del tirano?

—¡Calle Vd., paisano: calle Vd.: un malakoff más! (Malakoff llamaban entonces, por la torre famosa en la guerra de Crimea, a lo que en llano se ha llamado siempre miriñaque o crinolina)[5].

Y D. Manuel quería mucho a sus hijos, y se prometía vivir cuanto pudiese para ellos; pero le andaba desde hacía algún tiempo por el lado izquierdo del pecho un carcomillo[6] que le molestaba de verdad, como una cestita de llamas que estuviera allí encendida, de día y de noche, y no se apagase nunca. Y como cuando la cestita le quemaba con más fuerza sen-

---

[3] Se refiere, como podrá intuirse, a la celebración del nacimiento de un nuevo hijo.

[4] Aristogitón: ateniense del siglo VI a .C. que, junto con Harmodio, organizó una revolución triunfante contra los tiranos Hippias e Hiparco. Tanto Aristogitón como Harmodio son motivos frecuentes en la escultura y en la épica griegas.

[5] En efecto, Malakoff era la fortaleza rusa que defendía a Sebastopol (Crimea). Fue tomada por los franceses el 8 de septiembre de 1855 y su caída determinó que los rusos huyeran de Sebastopol. En la novela significa un objeto de escaso valor, como queda subrayado por su identificación con *miriñaque* (pequeña alhaja de bajo precio que sirve para adorno o diversión).

[6] *carcomillo:* derivado de carcoma, designa genéricamente cualquier dolencia en el cuerpo.

tía él un poco paralizado el brazo del corazón, y todo el cuerpo vibrante como las cuerdas de un violín, y después de eso le venían de pronto unos apetitos de llorar y una necesidad de tenderse por tierra, que le ponían muy triste, aquel buen D. Manuel no veía sin susto cómo le iban naciendo tantos hijos, que en el caso de su muerte habían de ser más un estorbo que una ayuda para «esa pobre Andrea, que es mujer muy señora y bonaza, pero ¡para poco, para poco!»

Cinco hijas llegó a tener D. Manuel del Valle, mas antes de ellas le había nacido un hijo, que desde niño empezó a dar señales de ser alma de pro. Tenía gustos raros y bravura desmedida, no tanto para lidiar con sus compañeros, aunque no rehuía la lidia en casos necesarios, como para afrontar situaciones difíciles, que requerían algo más que la fiereza de la sangre o la presteza de los puños. Una vez, con unos cuantos compañeros suyos, publicó en el colegio un periodiquín manuscrito, y por supuesto revolucionario, contra cierto pedante profesor que prohibía a sus alumnos argumentarle sobre los puntos que les enseñaba; y como un colegial aficionado al lápiz pintase de pavo real a este maestrazo, en una lámina repartida con el periodiquín, y D. Manuel, en vista de la queja del pavo real, amenazara en sala plena con expulsar del colegio en consejo de disciplina al autor de la descortesía, aunque fuese su propio hijo, el gentil Manuelillo, digno primogénito del egregio varón, quiso quitar de sus compañeros toda culpa, y echarla entera sobre sí; y levantándose de su asiento, dijo, con gran perplejidad del pobre D. Manuel, y murmullos de admiración de la asamblea:

—Pues, señor Director: yo solo he sido.

Y pasaba las noches en claro, luego que se le extinguía la vela escasa que le daban, leyendo a la luz de la luna. O echaba a caminar, con las «Empresas» de Saavedra Fajardo bajo el brazo, por las calles umbrosas de la Alameda, y creyéndose a veces nueva encarnación de las grandes figuras de la historia, cuyos gérmenes le parecía sentir en sí, y otras desesperando de hacer cosa que pudiera igualarlo a ellas, rompía a llorar, de desesperación y de ternura. O se iba de noche a la orilla de la mar, a que le salpicasen el rostro las gotas frescas que saltaban del agua salada al reventar contra las rocas.

Leía cuanto libro le caía a la mano. Montaba en cuanto caballo veía a su alcance: y mejor si lo hallaba en pelo; y si había que saltar una cerca, mejor. En una noche se aprendía los libros que en todo el año escolar no podían a veces dominar sus compañeros; y aunque la Historia Natural y la Universal y cuanto añadiese algo útil a su saber y le estimulase el juicio y la verba, eran sus materias preferidas, a pocas ojeadas penetraba el sentido de la más negra lección de Álgebra, tanto que su maestro, un ingeniero muy mentado y brusco, le ofreció enseñarle, en premio de su aplicación, la manera de calcular lo infinitésimo.

Escribía Manuelillo, en semejanza de lo que estaba en boga entonces, unas letrillas y unos artículos de costumbres que ya mostraban a un enamorado de la buena lengua; pero a poco se soltó por natural empuje, con vuelos suyos propios, y empezó a enderezar a los gobernantes que no dirigen honradamente a sus pueblos, unas odas tan a lo pindárico[7], y recibidas con tal favor entre la gente estudiantesca, que en una revuelta que tramaron contra el Gobierno unos patricios que andaban muy solos, pues llevaban consigo la buena doctrina, fue hecho preso don Manuelillo, quien en verdad tenía en la sangre el microbio sedicioso; y bien que tuvieron que empeñarse los amigos pudientes de D. Manuel para que en gracia de su edad saliese libre el Pindarito, a quien su padre, riñéndole con los labios, en que le temblaban los bigotes, como los árboles cuando va a caer la lluvia, y aprobándole con el corazón, envió a seguir, en lo que cometió grandísimo error, estudios de Derecho en la Universidad de Salamanca, más desfavorecida que otras de España, y no muy gloriosa ahora, pero donde tenía la angustiada doña Andrea los buenos parientes que le enviaban las farinetas[8].

---

[7] *pindárico:* relativo al poeta griego Píndaro (518-446 a. C.), cuyas odas, grandiosas y solemnes, han servido de modelo a las odas patrióticas de todas las literaturas.

[8] La historia de Manuelillo del Valle posee un notable ingrediente autobiográfico. En efecto, cuando el Grito de Yara, en 1868, señala el comienzo de la guerra independentista de Cuba, Martí publica el primer número de una revista satírica de intención política, *El Diablo Cojuelo*. Poco después, en el semanario *La Patria Libre,* nuestro escritor publica el drama en verso

Manuelillo murió

Se fue el de las odas en un bergantín que había venido cargado de vinos de Cádiz; y sentadito en la popa del barco, fijaba en la costa de su patria los ojos anegados de tan triste manera, que a pesar del águila nueva que llevaba en el alma, le parecía que iba todo muerto y sin capacidad de resurrección y que era él como un árbol prendido a aquella costa por las raíces, al que el buque llevaba atado por las ramas pujando mar afuera, de modo que sin raíces se quedaba el árbol, si lograba arrancarlo de la costa la fuerza del buque, y moría: o como el tronco no podía resistir aquella tirantez, se quebraría al fin, y moría también: pero lo que Manuelillo veía claro, era que moría de todos modos. Lo cual, ¡ay! fue verdad, cuatro años más tarde, cuando de Salamanca había hallado aquel niño manera de pasar, como ayo en la casa de un conde carlista, a estudiar a Madrid. Se murió de unas fiebres enemigas, que le empezaron con grandes aturdimientos de cabeza, y unas visiones dolorosas y tenaces que él mismo describía en su cama revuelta, de delirante, con palabras fogosas y desencajadas, que parecían una caja de joyas rotas; y sobre todo, una visión que tenía siempre delante de los ojos, y creía que se le venía encima, y le echaba un aire encendido en la frente, y se iba de mal humor, y se volvía a él de lejos, llamándole con muchos brazos: la visión de una palma en llamas. En su tierra, las llanuras que rodeaban la ciudad estaban cubiertas de palmas.

No murió D. Manuel del pesar de que hubiese muerto su hijo, aunque bien pudo ser; sino que dos años antes, y sin que Manuelillo lo supiese, se sentó un día en su sillón, muy

---

Abdala, sobre un héroe que se enfrenta a los opresores. Por las mismas fechas es registrada la casa de su amigo Fermín Valdés Domínguez, donde la policía encuentra una carta comprometedora firmada, entre otros, por Martí. El consejo de guerra, por todos estos motivos, condena al joven revolucionario a un presidio de seis años en el penal de San Lázaro. Tres años después, en enero de 1871, Martí terminará de cumplir su pena mediante la deportación a España, que dura hasta 1874. Aquí, como su personaje, estudió la carrera de Derecho, en Madrid, y más tarde la de Filosofía y Letras, en Zaragoza. Como le ocurre a Manuelillo del Valle, su nostalgia de la patria y su indignación política lo conducen a una profunda aflicción.

envuelto en su capa, y con la guitarra al lado, como si sintiese en el alma unas muy dulces músicas, a la vez que un fres-
cor húmedo y sabroso, que no era el de todos los días, sino
mucho más grato. Doña Andrea estaba sentada en una banqueta a sus pies, y lo miraba con los ojos secos, y crecidos, y
le tenía las manos. Dos hijas lloraban abrazadas en un rincón: la mayor, más valiente, le acariciaba con la mano los cabellos, o lo entretenía con frases zalameras, mientras le pre-
paraba una bebida; de pronto, desasiéndose bruscamente de
las manos de doña Andrea, abrió D. Manuel los brazos y los
labios como buscando aire; los cerró violentamente alrededor de la cabeza de doña Andrea, a quien besó en la frente
con un beso frenético; se irguió como si quisiera levantarse,
con los brazos al cielo; cayó sobre el respaldo del asiento, es-
tremeciéndosele el cuerpo horrendamente, como cuando en
tormenta furiosa un barco arrebatado sacude la cadena que
lo sujeta al muelle; se le llenó de sangre todo el rostro, como
si en lo interior del cuerpo se le hubiese roto el vaso que la
guarda y distribuye; y blanco, y sonriendo, con la mano ca-
sualmente caída sobre el mango de su guitarra, quedó muerto. Pero nunca se lo quiso decir doña Andrea a Manuelillo, a
quien contaban que el padre no escribía porque sufría de
reumatismo en las manos, para que no le entrase el miedo
por las angustias de la casa, y quisiese venir a socorrerlas, interrumpiendo antes de tiempo sus estudios. Y era también
que doña Andrea conocía que su pobre hijo había nacido comido de aquellas ansias de redención y evangélica quijotería
que le habían enfermado el corazón al padre, y acelerado su
muerte; y como en la tierra en que vivían había tanto que re-
dimir, y tanta cosa cautiva que libertar, y tanto entuerto que
poner derecho, veía la buena madre, con espanto, la hora de
que su hijo volviese a su patria, cuya hora, en su pensar, sería
la del sacrificio de Manuelillo.

—¡Ay! decía doña Andrea, una vez que un amigo de la
casa le hablaba con esperanzas del porvenir del hijo. Él será
infeliz, y nos hará aún más infelices sin quererlo. Él quiere
mucho a los demás, y muy poco a sí mismo. Él no sabe hacer víctimas, sino serlo. Afortunadamente, aunque de todos
modos, por desdicha de doña Andrea, Manuelillo había par-

tido de la tierra antes de volver a ver la suya propia, ¡detrás de la palma encendida!

¿Quién que ve un vaso roto, o un edificio en ruina, o una palma caída, no piensa en las viudas? A don Manuel no le habían bastado las fuerzas, y en tierra extraña esto había sido mucho, más que para ir cubriendo decorosamente con los productos de su trabajo las necesidades domésticas. Ya el ayudar a Manuelillo a mantenerse en España le había puesto en muy grandes apuros.

Estos tiempos nuestros están desquiciados, y con el derrumbe de las antiguas vallas sociales y las finezas de la educación, ha venido a crearse una nueva y vastísima clase de aristócratas de la inteligencia, con todas las necesidades de parecer y gustos ricos que de ella vienen, sin que haya habido tiempo aún, en lo rápido del vuelco, para que el cambio en la organización y repartimiento de las fortunas corresponda a la brusca alteración en las relaciones sociales, producidas por las libertades políticas y la vulgarización de los conocimientos. Una hacienda ordenada es el fondo de la felicidad universal. Y búsquese en los pueblos, en las casas, en el amor mismo más acendrado y seguro, la causa de tantos trastornos y rupturas, que los oscurecen y los afean, cuando no son causa del apartamiento, o de la muerte, que es otra forma de él: la hacienda es el estómago de la felicidad. Maridos, amantes, personas que aún tenéis que vivir y anheláis prosperar: ¡organizad bien vuestra hacienda!

De este desequilibrio, casi universal hoy, padecía la casa de don Manuel, obligado con sus medios de hombre pobre a mantenerse, aunque sin ostentación ni despilfarro, como caballero rico. ¿Ni quién se niega, si los quiere bien, a que sus hijos brillantes e inteligentes aprendan esas cosas de arte, el dibujar, el pintar, el tocar el piano, que alegran tanto la casa, y elevan, si son bien comprendidas y caen en buena tierra, el carácter de quien las posee, esas cosas de arte que apenas hace un siglo eran todavía propiedad casi exclusiva de reinas y princesas? ¿Quién que ve a sus pequeñines finos y delicados, en virtud de esa aristocracia del espíritu que en estos tiempos nuevos ha sustituido a la aristocracia degenerada de la sangre, no gusta de vestirlos de linda manera, en acuerdo

145

con el propio buen gusto cultivado, que no se contenta con falsificaciones y bellaquerías, y de modo que el vestir complete y revele la distinción del alma de los queridos niños? Uno, padrazo ya, con el corazón estremecido y la frente arrugada, se contenta con un traje negro bien cepillado y sin manchas, con el cual, y una cara honrada, se está bien y se es bien recibido en todas partes; pero, ¡para la mujer, a quien hemos hecho sufrir tanto! ¡para los hijos, que nos vuelven locos y ambiciosos, y nos ponen en el corazón la embriaguez del vino, y en las manos el arma de los conquistadores! ¡para ellos, oh, para ellos, todo nos parece poco!

De manera que, cuando don Manuel murió, sólo había en la casa los objetos de su uso y adorno, en que no dejaba de adivinarse más el buen gusto que la holgura, los libros de don Manuel, que miraba la madre como pensamientos vivos de su esposo, que debían guardarse íntegros a su hijo ausente, y los enseres de la escuela, que un ayudante de don Manuel, que apenas le vio muerto se alzó con la mayor parte de sus discípulos, halló manera de comprar a la viuda, abandonada así por el que en conciencia debió continuar ayudándola, en una suma corta, la mayor, sin embargo, que después de la muerte de don Manuel se vio nunca en aquella pobre casa. Hacen pensar en las viudas las palmas caídas.

Este o aquel amigo, es verdad, querían saber de vez en cuando qué tal le iba yendo a la pobre señora. ¡Oh! se interesaban mucho por su suerte. Ya ella sabía: en cuanto le ocurriese algo no tenía más que mandar. Para cualquier cosa, para cualquier cosa estaban a su disposición. Y venían en visita solemne, en día de fiesta, cuando suponían que había gente en la casa; y se iban haciendo muchas cortesías, como si con la ceremonia de ellas quisiesen hacer olvidar la mayor intimidad que podría obligarlos a prestar un servicio más activo. Da espanto ver cuán sola se queda una casa en que ha entrado la desgracia: da deseos de morir.

¿Qué se haría doña Andrea, con tantas hijas, dos de ellas ya crecidas; con el hijo en España, aunque ya el noble mozo había prohibido, aun suponiendo a su padre vivo, que le enviasen dinero? ¿qué se haría con sus hijas pequeñas, que eran, las tres, por lo modestas y unidas, la gala del colegio;

con Leonor, la última flor de sus entrañas, la que las gentes detenían en la calle para mirarla a su placer, asombradas de su hermosura? ¿qué se haría doña Andrea? Así, cortado el tronco, se secan las ramas del árbol, un tiempo verdes, abandonadas sobre la tierra. ¡Pero los libros de don Manuel no! ésos no se tocaban: nada más que a sacudirlos, en la piececita que les destinó en la casa pobrísima que tomó luego, permitía la señora que entrasen una vez al mes. O cuando, ciertos domingos, las demás niñas iban a casa de alguna conocida a pasar la tarde, doña Andrea se entraba sola en la habitación, con Leonor de la mano, y allí, a la sombra de aquellos tomos, sentada en el sillón en que murió su marido, se abandonaba a conversaciones mentales, que parecían hacerle gran bien, porque salía de ellas en un estado de silenciosa majestad, y como más clara de rostro y levantada de estatura; de tal modo que las hijas, cuando volvían de su visita, conocían siempre, por la mayor blandura en los ademanes, y expresión de dolorosa felicidad de su rostro, si doña Andrea había estado en el cuarto de los libros. Nunca Leonor parecía fatigada de acompañar a su madre en aquellas entrevistas: sino que, aunque ya para entonces tenía sus diez años, se sentaba en la falda de su madre, apretada en su regazo o abrazada a su cuello, o se echaba a sus pies, reclinando en sus rodillas la cabeza, con cuyos cabellos finos jugaba la viuda, distraída. De vez en cuando, pocas veces, la cogía doña Andrea en un brusco movimiento en sus brazos, y besando con locura la cabeza de la niña rompía en amarguísimos sollozos. Leonor, silenciosamente, humedecía en todo este tiempo la mano de su madre con sus besos.

De España se trajo pocas cosas don Manuel, y doña Andrea menos, que era de familia hidalga y pobre. Y todo, poco a poco, para atender a las necesidades de la casa, fue saliendo de ella; hasta unas perlas margaritas que había llevado de América a Salamanca un tío abuelo de doña Andrea, y un aguacate de esmeralda de la misma procedencia, que recibió de sus padres como regalo de matrimonio; hasta unas cucharas y vasos de plata que se estrenaron cuando se casó la madre de don Manuel, y éste solía enseñar con orgullo a sus amigos americanos, para probar en sus horas de desconfianza de la libertad, cuánto más solidos eran los tiempos, cosas y artífices de antaño.

Y todas las maravillas de la casa fueron cayendo en manos de inclementes compradores; una escena autógrafa de «El Delincuente Honrado»[9] de Jovellanos; una colección de monedas romanas y árabes de Zaragoza, de las cuales las árabes estimulaban la fantasía y avivaban las miradas de Manuelillo cada vez que el padre le permitía curiosear en ellas; una carta de doña Juana la Loca, que nunca fue loca, a menos que amar bien no sea locura, y en cuya carta, escrita de manos del secretario Passamonte, se dicen cosas tan dignas y tan tiernas que dejaban enamorados de la reina a los que las leían, y dulcemente conmovidas las entrañas.

Así se fueron otras dos joyas que don Manuel había estimado mucho, y mostraba con la fruición de un goloso que se complace traviesamente en hacer gustar a sus amigos un plato cuya receta está decidido a no dejarles conocer jamás: un estudio en madera de la cabeza de san Francisco, de Alonso Cano[10], y un dibujo de Goya, con lápiz rojo, dulce como una cabeza del mismo Rafael.

Con las cucharas de plata se pagó un mes la casa; la esmeralda dio para tres meses; con las monedas fueron ayudándose medio año. Un desvergonzado compró la cabeza, en un día de angustia, en cinco pesos. Un tanto se auxiliaban con unos cuantos pesos que, muy mal cobrados y muy regañados, ganaban doña Andrea y las hijas mayores enseñando a algunas niñas pequeñas del barrio pobre donde habían ido a refugiarse en su penuria. Pero el dibujo de Goya, ése sí se vendió bien. Ese, él solo, produjo tanto como las margaritas y las cucharas de plata, y el aguacate. El dibujo de Goya, úni-

---

[9] *El delincuente honrado*, de Jovellanos (1744-1811), es un drama sentimental escrito en 1773, en el que se plantea el conflicto entre la dureza de la legislación vigente y las costumbres sociales del país, con un propósito típicamente ilustrado. Su carácter sentimental y su valor didáctico-moral debieron de ser muy bien estimados por Martí.

[10] Alonso Cano (1601-1667) es, sin duda, el gran escultor, pintor y arquitecto granadino, uno de los máximos representantes del arte barroco español. En su obra escultórica el humanismo renacentista aparece dotado del efectismo dramático de su maestro Martínez Montañés.

ca prenda que no se arrepintió doña Andrea de haber vendido, porque le trajo un amigo, lo compró Juan Jerez; Juan Jerez que, cuando murió en Madrid Manuelillo, y la madre, extremada por los gastos en que la puso una enfermedad grave, se halló un día pensando con espanto en que era necesario venderlos, compró los libros a doña Andrea, mas no se los llevó consigo, sino que se los dejó a ella «porque él no tenía dónde ponerlos, y cuando los necesitase, ya se los pediría». Muy ruin tiene que ser el mundo, y doña Andrea sabía de sobra que suele ser ruin, para que ese día no hubiese satisfecho su impulso de besar a Juan la mano.

Pero Juan, joven rico y de padres y amistades que no hacían suponer que buscase esposa en aquella casa desamparada y humilde, comprendió que no debía ser visita de ella, donde ya eran alegría de los ojos y del corazón, más por lo honestas que por lo lindas, las dos niñas mayores, y muy distraído el pensamiento en cosas de la mayor alteza, y muy fino y generoso, y muy sujeto ya por el agradecimiento del amor que le mostraba a su prima Lucía, ni visitaba frecuentemente la casa de doña Andrea, ni hacía alarde de no visitarla, como que le llevó su propio médico cuando la enfermedad de Leonor, y volvió cuando la venta de los libros, y cuando sabía alguna aflicción de la señora, que con su influjo, si no con su dinero que solía escasearle, podía tener remedio.

Lo que, como un lirio de noche en una habitación oscura, tuvo en medio de todas estas agonías iluminada el alma de doña Andrea, y le aseguró en su creencia bondadosa en la nobleza de la especie humana, fue que, ya porque en realidad le apenase la suerte de la viuda, ya porque creyera que había de parecer mal, siendo como el don Manuel bien querido, y maestro como ella, que permitieran la salida de sus hijas del colegio por falta de paga, la directora del Instituto de la Merced, el más famoso y rico del país, hizo un día, en un hermoso coche, una visita, que fue muy sonada, a casa de doña Andrea, y allí le dijo magnánimamente, cosa que enseguida vociferó y celebró mucho la prensa, que las tres niñas recibirían en su colegio, si ella no lo mandaba de otro modo, toda su educación, como externas, sin gasto alguno. Aquella vez sí que doña Andrea, sin los miramientos que en el caso de Juan habían más tarde de impedírselo, cubrió de besos la mano de la directora, quien la trató con una hermosa bondad pontificia, y como una mujer inmaculada trata a una culpable, tras de lo cual se volvió muy oronda a su colegio, en su arrogante coche.

Es verdad que las niñas no decían a doña Andrea que, aunque no las había en el colegio más aplicadas que ellas, ni que llevaran los vestiditos más blancos y bien cuidados, ni que en la clase y recreo mostrasen mayor compostura, los vales a fin de semana, y los primeros puestos en las competencias, y los premios en los exámenes, no eran nunca para ellas; los regaños, sí. Cuando la niña del ministro había derramado un tintero, de seguro que no había sido la niña del ministro, ¿cómo había de ser la hija del ministro? había sido una de las tres niñas del Valle. La hija de Mr. Floripond, el poderoso banquero, la fea, la huesuda, la descuidada, la envidiosa Iselda, había escondido, donde no pudiese ser hallado, su caja de lápices de dibujar: por supuesto, la caja no aparecía: «Allí todas las niñas tenían dinero para comprar sus cajas! ¡las únicas que no tenían dinero allí eran las tres del Valle» y las registraban, a las pobrecitas, que se dejaban registrar con la cara llena de lágrimas, y los brazos en cruz, cuando por fortuna la niña de otro banquero, menos rico que Mr. Floripond, dijo que había visto a Iselda poner la caja de lápices en la bolsa de Leonor. Pero tan buenas y serviciales fueron, tan apretaditas se sentaban siempre las tres, sin jugar, o jugando entre sí, en la hora de recreo; con tal mansedumbre obedecían los mandatos más destemplados e injustos; con tal sumisión, por el amor de su madre, soportaban aquellos rigores, que las ayudantes del colegio, solas y desamparadas ellas mismas, comenzaron a tratarlas con alguna ternura, a encomendarles la copia de las listas de la clase, a darles a afilar sus lápices, a distinguirlas con esos pequeños favores de los maestros que ponen tan orondos a los niños, y que las tres hijas de del Valle recompensaban con una premura en el servirlos y una modestia y gracia tal, que les ganaba las almas más duras. Esta bondadosa disposición de las ayudantes subió de punto cuando la directora, que no tenía hijos, y era aún una muy bella mujer, dio muestras de aficionarse tan especialmente a Leonor, que algunas tardes la dejaba a comer a su mesa, enviándola luego a doña Andrea con un afectuoso recado; y un domingo la sacó a pasear en su carruaje, complaciéndose visiblemente aquel día en responder con su mejor sonrisa a todos los saludos.

Porque los que poseen una buena condición, si bien la persiguen implacablemente en los demás cuando por causa de la posición o edad de éstos teman que lleguen a ser rivales, se complacen, por el contrario, por una especie de prolongación de egoísmo y por una fuerza de atracción que parece incontrastable y de naturaleza divina, en reconocer y proclamar en otros la condición que ellos mismos poseen, cuando no puede llegar a estorbarles.

Se aman y admiran a sí propios en los que, fuera ya de este peligro de rivalidad, tienen las mismas condiciones de ellos. Los miran como una renovación de sí mismos, como un consuelo de sus facultades que decaen, como si se viesen aún a sí propios tales como son aquellas criaturas nuevas, y no como ya van siendo ellos. Y las atraen a sí, y las retienen a su lado, como si quisiesen fijar, para que no se les escapase, la condición que ya sienten que los abandona. Hay, además, gran motivo de orgullo en oír celebrar la especie de mérito por que uno se distingue.

Verdad es que no había tampoco mejor manera de llamar la atención sobre sí que llevar cerca a Leonor. ¡Qué mirada, que parecía una plegaria! ¡Qué óvalo el del rostro, más perfecto y puro! ¡Qué cutis, que parecía que daba luz! ¡Qué encanto en toda ella, y qué armonía! De noche doña Andrea, que como a la menor de sus hijas la tuvo siempre en su lecho, no bien la veía dormida, la descubría para verla mejor; le apartaba los cabellos de la frente y se los alzaba por detrás para mirarle el cuello, le tomaba las manos, como podía tomar dos tórtolas, y se las besaba cuidadosamente; le acariciaba los pies, y se los cubría a lentos besos.

Alfombra hubiera querido ser doña Andrea, para que su hija no se lastimase nunca los pies, y para que anduviese sobre ella. Alfombra, cinta para su cuello, agua, aire, todo lo que ella tocase y necesitase para vivir, como si no tuviese otras hijas, quería ser para ella doña Andrea. Solía Leonor despertarse cuando su madre estaba contemplándola de esta manera; y entreabriendo dichosamente los ojos amantes y atrayéndola a sí con sus brazos, se dormía otra vez, con la cabeza de su madre entre ellos; de su madre, que apenas dormía.

¡Cómo no padecería la pobre señora cuando la directora del colegio, estando ya Leonor en sus trece años, la vino a ver, como quien hace un gran servicio, y en verdad para el porvenir de Leonor lo era, para que le permitiese retener a Leonor en el colegio como alumna interna! En el primer instante, doña Andrea se sintió caer al suelo, y, sin palabras, se quedó mirando a la directora fijamente, como a una enemiga. De pensarlo no más, ya le pareció que le habían sacado el corazón del pecho.

Balbuceó las gracias. La directora entendió que aceptaba.

—Leonor, doña Andrea, está destinada por su hermosura a llamar la atención de una manera extraordinaria. Es niña todavía, y ya ve Vd. cómo anda por la ciudad la fama de su belleza. Vd. comprende que a mí me es más costoso tenerla en el colegio como a interna; pero creo de mi deber, por cariño a Vd. y al señor D. Manuel, acabar mi obra.

Y la madre parecía que quería adelantar una objeción; y la mujer hermosa, que en realidad, en fuerza de la plácida beldad de Leonor, había concebido por ella un tierno afecto, decía precipitadamente estas buenas razones, que la madre veía lucir delante de sí, como puñales encendidos.

—Porque Vd. ve, doña Andrea, que la posición de Leonor en el mundo va a ser sumamente delicada. La situación a que están Vds. reducidas las obliga a vivir apartadas de la sociedad, y en una esfera en que, por su misma distinción natural y por la educación que está recibiendo, no puede encontrar marido proporcionado para ella. Acabando de educarse en mi colegio como interna, se rozará mucho más, en estos tres años, con las niñas más elegantes y ricas de la ciudad, que se harán sus amigas íntimas; yo misma iré cuidando especialmente de favorecer aquellas amistades que le puedan convenir más cuando salga al mundo, y le ayuden a mantenerse en una esfera a que de otro modo, sin más que su belleza, en la posición en que Vds. están, no podría llegar nunca. Hermo-

152

sa e inteligente como es, y moviéndose en buenos círculos, será mucho más fácil que inspire el respeto de jóvenes que de otro modo la perseguirían sin respetarla, y encuentre acaso entre ellos el marido que la haga venturosa. ¡Me espanta, doña Andrea, dijo la directora que observaba el efecto de sus palabras en la pobre madre, me espanta pensar en la suerte que correría Leonor, tan hermosa como va a ser, en el desamparo en que tienen Vds. que vivir, sobre todo si llegase Vd. a faltarle! Piense Vd. en que necesitamos protegerla de su misma hermosura.

Y la directora, ya apiadada del gran dolor reflejado en las facciones de doña Andrea, que no tenía fuerzas para abrir los labios, ya deseosa de alcanzar con halagos su anhelo, había tomado las manos de doña Andrea, y se las acariciaba bondadosamente.

Entró Leonor en este instante, y en el punto de verla, fue como si los torrentes de llanto apretados por la agonía se saliesen al fin de sus ojos; no dijo palabras, sino inolvidables sollozos; y se lanzó al encuentro de su hija, y se abrazó con ella estrechísimamente.

—Yo no iré, mamá, yo no iré: le decía Leonor al oído, sin que lo oyese la directora; aunque ya Leonor le había dicho a ésta que, si quería doña Andrea, ella quería ir.

A los pocos momentos doña Andrea, pálida, sentada ya junto a Leonor, a quien tenía de la mano, pudo por fin hablar. ¡Porque era ceder a cuanto le quedaba de don Manuel, a aquellas noches queridas suyas de silencio, en que su alma, a solas con su amargura y con su niña, recordaba y vivía; porque conforme se había ido apartando de todo, en sus hijas, y en Leonor, como un símbolo de todas ellas, se había refugiado, con la tenacidad de las almas sencillas que no tienen fuerza más que para amar; ¡porque dar a Leonor era como dar todas las luces y todas las rosas de la vida!

Por fin pudo hablar, y con una voz opaca y baja, como de quien habla de muy lejos, dijo:

—Bueno, señora, bueno. Y Dios le pagará su buena intención. Leonor se quedará en el colegio.

Y ya hemos visto en los comienzos de esta historia que estaba Leonor a punto de salir de él.

153

Capítulo III

¿De qué ha de estar hablando toda la ciudad, sino de Sol[1] del Valle? Era como la mañana que sigue al día en que se ha revelado un orador poderoso. Era como el amanecer de un drama nuevo. Era esa conmoción inevitable que, a pesar de su vulgaridad ingénita, experimentan los hombres cuando aparece súbitamente ante ellos alguna cualidad suprema. Después se coligan todos, en silencio primero, abiertamente luego, y dan sobre lo que admiraron. Se irritan de haber sido sorprendidos. Se encolerizan sordamente, por ver en otro la condición que no poseen. Y mientras más inteligencia tengan para comprender su importancia, más la abominan, y al infeliz que la alberga. Al principio, por no parecer envidiosos, hacen como que la acatan; y, como que es de fuertes no temer, ponen un empeño decidido en alabar al mismo a quien envidian, pero poco a poco, y sin decirse nada, reunidos por el encono común, van agrupándose, cuchicheándose, haciéndose revelaciones. Se ha exagerado. Bien mirado, no es lo que se decía. Ya se ha visto eso mismo. Esos ojos no deben ser suyos. De seguro que se recorta la boca con carmín. La línea de la espalda no es bastante pura. No, no es bastante pura. Parece como que hay una verruga en la espalda. No es verruga, es lobanillo[2]. No es lobanillo, es joroba. Y acaba la gente por tener la joroba en los ojos, de tal modo que llega de veras a verla en la espalda, ¡porque la lleva en sí! Ea; eso es fijo: los hombres no perdonan ja-

---

[1] A partir de ahora Leonor aparecerá siempre con el nombre de Sol, dada la función simbólica que tal nombre desempeña.

[2] *lobanillo:* tumor indolente que se forma debajo de la piel.

más a aquellos a quienes se han visto obligados a admirar.

Pero allá, en un rincón del pecho, duerme como un portero soñoliento la necesidad de la grandeza. Es fama que, para dar al champaña su fragancia, destilan en cada botella, por un procedimiento desconocido, tres gotas de un licor misterioso. Así la necesidad de la grandeza, como esas tres gotas exquisitas, está en el fondo del alma. Duerme como si nunca hubiese de despertar, ¡oh, suele dormir mucho! ¡oh, hay almas en que el portero no despierta nunca! Tiene el sueño pesado, en cosas de grandeza, y sobre todo en estos tiempos, el alma humana. Mil duendecillos, de figuras repugnantes, manos de araña, vientre hinchado, boca encendida, de doble hilera de dientes, ojos redondos y libidinosos, giran constantemente alrededor del portero dormido, y le echan en los oídos jugos de adormideras, y se lo dan a respirar, y se lo untan en las sienes, y con pinceles muy delicados le humedecen las palmas de las manos, y se le encuclillan sobre las piernas, y se sientan sobre el respaldo del sillón, mirando hostilmente a todos lados, para que nadie se acerque a despertar al portero: ¡mucho suele dormir la grandeza en el alma humana! Pero cuando despierta, y abre los brazos, al primer movimiento pone en fuga a la banda de duendecillos de vientre hinchado. Y el alma entonces se esfuerza en ser noble, avergonzada de tanto tiempo de no haberlo sido. Sólo que los duendecillos están escondidos detrás de las puertas, y cuando se les vuelve a picar el hambre, porque se han jurado comerse al portero poco a poco, empiezan a dejar escapar otra vez el aroma de las adormideras, que a manera de cendales espesos va turbando los ojos y velando la frente del portero vencido; y no ha pasado mucho tiempo desde que puso a los duendes en fuga, cuando ya vuelven éstos en confusión, se descuelgan de las ventanas, se dejan caer por las hojas de las puertas, salen debajo de las losas descompuestas del piso, y abriendo las grandes bocas en una risa que no suena, se le suben agilísimamente por las piernas y brazos, y uno se le para en un hombro, y otro se le sienta en un brazo, y todos agitan en alto, con un ruido de rata que roe, las adormideras. Tal es el sueño del alma humana.

¿De qué ha de estar hablando toda la ciudad, sino de Sol del Valle?

De ella, porque hablan de la fiesta de anoche: de ella, porque la fiesta alcanzó inesperadamente, a influjo de aquella niña ayer desconocida, una elevación y entusiasmo que ni los mismos que contribuyeron a ello volverían a alcanzar jamás. Tal como suelen los astros juntarse en el cielo, ¡ay! para chocar y deshacerse casi siempre, así, con no mejor destino, suelen encontrarse en la tierra, como se encontraron anoche, el genio, y ese otro genio, la hermosura.

De fama singular había venido precedido a la ciudad el pianista húngaro Keleffy. Rico de nacimiento, y enriquecido aún más por su arte, no viajaba, como otros, en busca de fortuna. Viajaba porque estaba lleno de águilas, que le comían el cuerpo, y querían espacio ancho, y se ahogaban en la prisión de la ciudad. Viajaba porque casó con una mujer a quien creyó amar, y la halló luego como una copa sorda, en que las armonías de su alma no encontraban eco, de lo que le vino postración tan grande que ni fuerzas tenía aquel músico-atleta, para mover las manos sobre el piano: hasta que lo tomó un amigo leal del brazo, y le dijo «Cúrate»; y lo llevó a un bosque, y lo trajo luego al mar, cuyas músicas se le entraron por el alma medio muerta, se quedaron en ella, sentadas y con la cabeza alta, como leones que husmean el desierto, y salieron al fin de nuevo al mundo en unas fantasías arrebatadas que en el barco que lo llevaba por los mares improvisaba Keleffy, las que eran tales, que si se cerraban los ojos cuando se las oía, parecía que se levantaban por el aire, agrandándose conforme subían, unas estrellas muy radiosas, sobre un cielo de un negro hondo y temible, y otras veces, como que en las nubes de colores ligeros iban dibujándose unas como guirnaldas de flores silvestres, de un azul muy puro, de que colgaban unos cestos de luz: ¿qué es la música sino la compañera y guía del espíritu en su viaje por los espacios? Los que tienen ojos en el alma, han visto eso que hacían ver las fantasías que en el mar improvisaba Keleffy: otros hay que no ven, por lo que niegan muy orondos que, lo que ellos no han visto, otros lo vean. Es seguro que un topo no ha podido jamás concebir un águila.

157

Keleffy viajaba por América, porque le habían dicho que en nuestro cielo del Sur lucen los astros como no lucen en ninguna otra parte del cielo, y porque le hablaban de unas flores nuestras, grandes como cabezas de mujer y blancas como la leche, que crecen en los países del Atlántico, y de unas anchas hojas que se crían en nuestra casa exuberante, y arrancan de la madre tierra y se tienden voluptuosamente sobre ella, como los brazos de una divinidad vestida de esmeraldas, que llamasen, perennemente abiertas, a los que no tienen miedo de amar los misterios y las diosas.

Y aquel dolor de vivir sin cariño, y sin derecho para inspirarlo ni aceptarlo, puesto que estaba ligado a una mujer a quien no amaba; aquel dolor que no dormía, ni tenía paces, ni le quería salir del pecho, y le tenía la fantasía como apretada por serpientes, lo que daba a toda su música un aire de combate y tortura que solía privarla del equilibrio y proporción armoniosa que las obras durables de arte necesitan; aquel dolor, en un espíritu hermoso que, en la especie de peste amatoria que está enllagando el mundo en los pueblos antiguos, había salvado, como una paloma herida, un apego ardentísimo a lo casto; aquel dolor, que a veces con las manos crispadas se buscaba el triste músico por sobre el corazón, como para arrancárselo de raíz, aunque se tuviera que arrancar el corazón con él; aquel dolor no le dejaba punto de reposo, le hacía parecer a las veces extravagante y huraño, y aunque por la suavidad de su mirada y el ardor de su discurso se atrajese desde el primer instante, como un domador de oficio, la voluntad de los que le veían, poco a poco sentía él que en aquellos afectos iba entrando la sorda hostilidad con que los espíritus comunes persiguen a los hombres de alma superior, y aquella especie de miedo, si no de terror, con que los hombres, famélicos de goces, huyen, como de un apestado, de quien, bajo la pesadumbre de un infortunio, ni sabe dar alegrías, ni tiene el ánimo dispuesto a compartirlas.

Ya en la ciudad de nuestro cuento, cuya gente acomodada había ido toda, y en más de una ocasión, de viaje por Europa, donde apenas había casa sin piano, y, lo que es mejor, sin quien tocase en él con natural buen gusto, tenía Keleffy nu-

158

merosos y ardientes amigos; tanto entre los músicos sesudos, por el arte exquisito de sus composiciones, como entre la gente joven y sensible, por la melodiosa tristeza de sus romanzas. De modo que cuando se supo que Keleffy venía, y no como un artista que se exhibe, sino como un hombre que padece, determinó la sociedad elegante recibirle con una hermosísima fiesta, que quisieron fuese como la más bella que se hubiera visto en la ciudad, ya porque del talento de Keleffy se decían maravillas, ya porque esta buena ciudad de nuestro cuento no quería ser menos que otras de América, donde el pianista había sido ruidosamente agasajado.

En la «casa de mármol» dispusieron que se celebrase la gran fiesta: con un tapiz de oro cubrieron las anchas escaleras; los rincones, ya en las salas, ya en los patios, los llenaron de palmas; en cada descanso de la escalera central había un enorme vaso chino lleno de plantas de camelia en flor; todo un saloncito, el de recibir, fue colgado de seda amarilla; de lugares ocultos por cortinas venía un ruido de fuentes. Cuando se entraba en el salón, en aquella noche fresca de la primavera, con todos los balcones abiertos a la noche, con tanta hermosa mujer vestida de telas ligeras de colores suaves, con tanto abanico de plumas, muy de moda entonces, moviéndose pausadamente, y con aquel vago rumor de fiesta que comienza, parecía que se entraba en un enorme cesto de alas. La tapa del piano, levantada para dar mayor sonoridad a las notas, parecía, como dominándolas a todas, una gran ala negra.

Keleffy, que discernía la suma de verdadero afecto mezclada en aquella fiesta de la curiosidad, y sentía desde su llegada a América como si constantemente estuviesen encendidos en su alma dos grandes ojos negros; Keleffy, a quien fue dulce no hallar casa donde sus últimos dolores, vaciados en sus romanzas y nocturnos, no hubiesen encontrado manos tiernas y amigas, que se las devolvían a sus propios oídos como atenuados y en camino de consuelo, porque «en Europa se toca, decía Keleffy, pero aquí se acaricia el piano»; Keleffy, que no notaba desacuerdo entre el casto modo con que quería él su magnífico arte, y aquella fiesta discreta y generosa, en que se sentía el concurso como penetrado de respeto, en la esfera inquieta y deleitosa de lo extraordinario; Keleffy, aunque de una manera apesarada y melancólica, y más de quien se aleja que de quien llega, tocó en el piano de madera negra, que bajo sus manos parecía a veces salterio, flauta a veces, y a veces órgano, algunas de sus delicadas composiciones, no aquellas en que se hubiera dicho que el mar subiera en montes y caía roto en cristales, o que braceaba un hombre con un toro, y le hendía el testuz, y le doblaba las piernas, y lo echaba por tierra, sino aquellas otras flexibles fantasías que, a tener color, hubieran sido pálidas, y a ser cosas visibles, hubiesen parecido un paisaje de crepúsculo.

En esto, se oyó en todo el salón un rumor súbito, semejante al que en día de fiestas nacionales se oye en la muchedumbre de las plazas cuando rompe en un ramo de estrellas en el aire un fuego de artificio. ¡Ya se sabía que en el Instituto de la Merced había una niña muy bella! que era Sol del Valle; ¡pero no se sabía que era tan bella! Y fue al piano; porque ella era la discípula querida del Instituto y ninguna como ella entendía aquella plegaria de Keleffy «¡Oh, madre mía!» y la tocó, trémula al principio, olvidada después en su música y por esto más bella; y cuando se levantó del piano, el rumor fue de asombro ante la hermosura de la niña, no ante el talento de la pianista, no común por otra parte; y Keleffy la miraba, como si con ella se fuese ya una parte de él; y, al verla andar, la concurrencia aplaudía, como si la música no hubiera cesado, o como si se sintiese favorecida por la visita de un ser de esferas superiores, u orgullosa de ser gente humana, cuando había entre los seres humanos tan grande hermosura.

¿Cómo era? ¡Quién lo supo mejor que Keleffy! La miró, la miró con ojos desesperados y avarientos. Era como una copa de nácar, en quien nadie hubiese aún puesto los labios. Tenía esa hermosura de la aurora, que arroba y ennoblece. Una palma de luz era. Keleffy no la hablaba, sino la veía. La niña, cuando se sentó al lado de la directora, casi rompió en lágrimas. La revelación, la primera sensación del propio poder, lisonjea y asusta. Se tuvo miedo la niña, y aunque muy contenta de sí, halagada por aquel rumor como si le besasen la frente con muy blandas plumas, se sintió sola y en riesgo, y buscó con los ojos, en una mirada de angustia, a doña Andrea, ¡ay! a doña Andrea que, conforme iban pasando los años, se hundía en sí misma, para ver mejor a don Manuel, de tal manera que ya, si sonreía siempre, apenas hablaba. Se conversaba apresuradamente. Todos los ojos estaban sobre ella. ¿Quién es? Las mujeres no la celebraban, se erguían en sus asientos para verla; movían rápidamente el abanico, cuchicheaban a su sombra con su compañera; se volvían a mirarla otra vez. Los hombres, sentían en sí como una rienda rota; y algunos, como un ala. Hablaban con desusada animación. Se juntaban en corrillos. La medían con los ojos. Ya la veían de su brazo ostentándola en el salón, y le estrechaban el talle en el baile ardiente y atrevido; ya meditaban la frase encomiástica con que habían de deslumbrar al ser presentados a ella. «¿Conque ésa es Sol del Valle?» «¿En qué casas visita?» «¿Va a casa de Lucía Jerez?» «Juan Jerez es amigo de la señora». «Allí está Juan Jerez; que nos presente». «Yo soy amigo de la directora: vamos». «¿Quién nos presentará a ella?» ¡Pobre niña! Su alcoba no la vio nunca como la dejaron aquellos curiosos. No es para la mayor parte de los hombres una obra santa, y una copa de espíritu la hermosura; sino una manzana apetitosa. Si hubiera un lente que permitiese a las mujeres ver, tales como les pasean por el cráneo los pensamientos de los hombres, y lo que les anda en el corazón, los querrían mucho menos.

Pero no era un hombre, no, el que con más insistencia, y un cierto encono mezclado ya de amor, miraba a Sol del Valle, y con dificultad contenía el llanto que se le venía a mares a los ojos, abiertos, en los que se movían los párpados apenas. La conocía en aquel momento, y ya la amaba y la odiaba. La quería como una hermana; ¡qué misterios de estas naturalezas bravías e iracundas! y la odiaba con un aborrecimiento irresistible y trágico. Y cuando un caballero apuesto y cortés que saludaba mucha gente a su paso, se acercó, por lo mismo que vivía en esfera social más alta, más que a saludar, a proteger a Sol del Valle, cuando Juan Jerez llegó al fin al lado de la niña, y Lucía Jerez, que era quien de aquella manera la miraba, los vio juntos, cerró los ojos, inclinó la cabeza sobre el hombro como quien se muere; se le puso todo el rostro amarillo; y sólo al cabo de algún tiempo, al influjo del aire que agitaban sus compañeras con los abanicos, volvió a abrir los ojos, que parecían turbios, como si hubiera cruzado por su pensamiento un ave negra.

Y Keleffy en aquellos instantes tenía subyugada y muda a la concurrencia. Allí sus esperanzas puras de otros tiempos; sus agonías de esposo triste; el desorden de una mente que se escapa; el mar sereno luego; la flora toda americana, ardiente y rica; el encogimiento sombrío del alma infeliz ante la naturaleza hermosa; una como invasión de luz que encendiese la atmósfera, y penetrase por los rincones más negros de la tierra, y a través de las ondas de la mar, a sus cuevas de azul y corales; una como águila herida, con una llaga en el pecho que parecía una rosa, huyendo, a grandes golpes de ala, cielo arriba, con gritos desesperados y estridentes. Así, como un espíritu que se despide, tocó Keleffy el piano. Jamás pudo tanto, ni nadie le oyó así segunda vez. Para Sol era aquella fantasía; para Sol, a quien ni volvería a ver nunca, ni dejaría de ver jamás. Sólo los que persiguen en vano la pureza, saben lo que regocija y exalta el hallarla. Sólo los que mueren de amor a la hermosura entienden cómo, sin vil pensamiento, ya a punto de decir adiós para siempre a la ciudad amiga, tocó aquella noche en el piano Keleffy. Pero tocó de tal manera que, aun para la gente inculta, es todavía aquél un momento inolvidable. «Nos llevaba como un triunfador», decía un cronista al día siguiente, «sujetos a su carro. ¿Adónde íbamos? nadie lo sabía. Ya era un rayo que daba sobre un monte, como el acero de un gigante sobre el castillo donde supone a su dama encantada; ya un león con alas, que iba de nube en nube; ya un sol virgen que de un bosque temido, como de un nido de serpientes, se levanta; ya un recodo de selva nunca vista, donde los árboles no tenían hojas, sino flores; ya un pino colosal que, con estruendo de gemidos, se quebraba; era una grande alma que se abría. Mucho se había hecho admirar el apasionado húngaro en el comienzo de la fiesta; mas, aquella arrebatadora fantasía, aquel desborde de notas; ora plañideras, ora terribles, que parecían la historia de una vida, aquella, que fue su última pieza de la noche, porque nadie después de ella osó pedirle más, vino tan inmediatamente después de la aparición de la señorita Sol del Valle, orgullo desde hoy de la ciudad, que todos reconocimos en la improvisación maravillosa del pianista el influjo que en él, como en cuantos anoche la vieron, con su vestido blanco y su aureola de inocencia, ejerció la pasmosa hermosura de la niña. Nace bien esta beldad extraordinaria, con el genio a sus plantas».

Dos amigas están sentadas a la sombra de la magnolia, nuestra antigua conocida. En un sillón está sentada Lucía. Otras sillas de mimbre esperan a sus dueñas, que andan preparando dulces por los adentros de la casa, o con Ana, que no está bien hoy. Está muy pálida. No se espera gente de afuera aquella noche; Juan Jerez no está en la ciudad: fue el viernes a defender en el tribunal de un pueblo vecino los derechos de unos indios a sus tierras, y aún no ha vuelto. Lucía hubiera estado más triste, si no hubiera tenido a su amiga a su lado. Juan no puede venir. Ferrocarril no hay hoy. A caballo, es muy lejos. A los pies de Lucía, en una banqueta, con los brazos cruzados sobre las rodillas de la niña, ¿quién es la que está sentada, y la mira con largas miradas, que se entran por el alma como reinas hermosas que van a buscar en ella su aposento, y a quedarse en ella; y la deja jugar con su cabeza, cuya cabellera castaña destrenza y revuelve, y alisa luego hacia arriba con mucho cuidado, de modo que se le vea el noble cuello? A los pies de Lucía está Sol del Valle.

Desde la noche de la fiesta de Keleffy, Lucía y Sol se han visto muchas veces. ¿De conocerla, cómo había de librarse, en estas ciudades nuestras en que todo el mundo se conoce? Aquella misma noche, y no fue Juan por cierto, Lucía, muy adulada por la directora del Instituto de la Merced, de donde había salido tres años antes, se vio en brazos de Sol, que la miraba llena de esperanza y ternura. Se levantó la directora y llevó a Sol de la mano a donde Lucía estaba, taciturna. Las vio venir, y se echó atrás.

—¡Vienen a mí, a mí! se dijo.

—Lucía, aquí te traigo una amiga, para que te la pongas en

163

el corazón, y me la cuides como cosa de tu casa. En tus manos la puedo dejar: tú no eres envidiosa.

Y a Sol se le encendía el rostro, sin saber qué decir, y a Lucía se le desvanecía el color, buscando en balde fuerzas con que mover la mano y abrir los labios en una sonrisa.

—Pero esto no ha de ser así, no.

Y la directora puso el brazo de Sol en el de Lucía, y acompañadas de miradas celosas, se refugió por algunos momentos con ellas en un balcón, cuya baranda de granito estaba oculta bajo una enredadera florecida de rosas salomónicas. El balcón era grande y solemne; la noche, ya muy entrada, y el cielo, cariñoso y locuaz, como se pone en nuestros países cuando el aire está claro, y parece como que platican y se hacen visitas las estrellas.

—Y ante todo, Lucía y Sol, dense un beso.

—Mira, Lucía —dijo la directora juntando en sus manos las de las dos niñas y hablando como si no estuviese Sol con ellas, quien se sentía las mejillas ardientes, y el pecho apretado con lo que la maestra iba diciendo, tanto, que por un instante vio el cielo todo negro, y como que desde su casita la estaba llamando doña Andrea—. Mira, Lucía, tú sabes cómo entra en la vida Sol del Valle, como lo sabe todo el mundo. Su padre se ha muerto. Su madre está en la mayor pobreza. Yo, que la quiero como a una hija, he procurado educarla para que se salve del peligro de ser hermosa siendo tan pobre.

Sintió Lucía en aquel instante como si la mano de Sol le temblase en la suya, y hubiese hecho un movimiento por retirarla y ponerse en pie.

—Señora...

—No, no, Lucía. La que va a ser mujer de Juan Jerez...

La sombra de una de las cortinas de la enredadera, que flotaba al influjo del aire, escondió en este instante el rostro de Sol.

—...merece que yo ponga en sus manos, para que me la enseñe al mundo a su lado y me la proteja, la joya de la casa con que ha sido Juan Jerez tan bueno.

Aquí la cortina flotante de la enredadera cubrió con su sombra el rostro de Lucía.

164

—Juan...

—Juan ha sido muy bueno, dijo como con cierta prisa voluntaria la directora. Él apenas conoce a Sol, porque ha ido muy poco a casa de doña Andrea; pero, como es tan generoso, se alegrará de que tú ampares a esta niña, con el respeto de tu casa, de los que, porque la verán desvalida...

Más blanco que su vestido pudo verse en este momento el rostro de Sol.

—...querrán faltarle el respeto. Ya Sol ha acabado su colegio; pero para que mi obra no quede incompleta, voy a dejarla en él como profesora, y así ayudará a su madre a llevar los gastos de la casa, y le hemos tomado ya a doña Andrea una casita mejor, cerca del Instituto. Yo espero, añadió la señora gravemente, y como si las estrellas no estuviesen brillando en el cielo, que Sol será una buena maestra. Yo, Lucía, no podré llevarla a todas partes, porque ya he dejado de ser joven, y los cuidados del colegio me lo impiden; pero quiero que tú hagas mis veces, y ya lo sabes, dijo con una ligera emoción en la voz dando un beso en la mejilla de Lucía, cuídamela. Que sientan que el que no pueda llegar hasta ti, no puede llegar hasta ella. Cuando haya una fiesta, llévala. Ella se vestirá siempre linda, porque yo la he enseñado a hacérselo todo y es maestra en coser. Convídala a tu casa, para que nadie tenga reparo en convidarla a la suya: que el que entra en tu casa puede entrar en todas partes. Sol es tan bonita como agradecida.

—Sí, sí, señora, interrumpió Lucía, que en sus mejillas propias estaba sintiendo la palidez de las de Sol. Yo la llevaré conmigo. Yo sí, yo sí, ahora mismo la presentaré a todas mis amigas. Iremos juntas la Semana Santa. No me digas que no, Sol. Iremos al teatro siempre juntas.

Y el cariño le iba creciendo con las palabras, que decía amontonadamente, como si tuviese prisa por olvidarse de algo, o quisiese vengarse de sí misma.

—Bueno, vamos entonces, que yo veo que la gente curiosea porque estamos cuchicheando tanto tiempo. Vamos.

Sol no hablaba. Lucía, como que quería defenderla de la directora, que entraba ya en el salón con su paso pomposo.

—Enseguida, señora, enseguida. Entre Vd. y detrás vamos

165

nosotras. Voy a coger dos rosas de esta enredadera: ésta para Sol, y se la prendió con mucha ternura, mirándola amorosamente en los ojos; ésta, que es la menos bonita, para mí.

—¡Oh, Vd. es tan buena!

—¿Vd.? No, Sol, yo soy tu hermana. No hagas caso de lo que dice la directora. Yo te querré siempre como una hermana. Y abrió los brazos, y apretó en ellos a Sol, a la que llevaba sin miedo, prestísimamente.

—Oh, dijo Sol de pronto ahogando un grito. Y se llevó la mano al seno, y la sacó con la punta de los dedos roja. Era que al abrazarla Lucía, se le clavó en el seno una espina de la rosa.

Con su propio pañuelo secó Lucía la sangre, y del brazo las dos entraron en la sala. Lucía también estaba hermosa.

—¿Cómo entenderte, Lucía? decía Juan a su prima unos quince días después de la noche de la fiesta, con una intención severa en las palabras que él con Lucía nunca había usado. Desde hace unos quince días, espera, creo que me acuerdo, desde la noche de Keleffy, te encuentro tan injusta, que a veces creo que no me quieres.

—¡Juan! ¡Juan!

—Bueno, Lucía: tú sí me quieres. Pero ¿qué te hago yo que explique esas durezas tuyas de carácter, para mí que vengo a ti como viene el sediento a un vaso de ternuras? Más cariño no puedes desear. Pensar, yo sí pienso en todo lo más difícil y atrevido; pero querer, Lucía, yo no quiero más que a ti. Yo he vivido poco; pero tengo miedo de vivir y sé lo que es, porque veo a los vivos. Me parece que todos están manchados, y en cuanto alcanzan a ver un hombre puro empiezan a correrle detrás para llenarle la túnica de manchas. La verdad es que yo, que quiero mucho a los hombres, vivo huyendo de ellos. Siento a veces una melancolía dolorosa. ¿Qué me falta? La fortuna me ha tratado bien. Mis padres me viven. Me es permitido ser bueno. Y además, te tengo —le dijo tomándola cariñosamente de la mano que Lucía le abandonó como apenada y absorta.

—Te tengo, y de ti me vienen, y en ti busco, las fuerzas frescas que necesito para que el corazón no se me espante y debilite. Cada vez que me asomo a los hombres, me echo atrás como si viera un abismo; pero, de cada vez que vengo a verte, saco un brío para batallar y un poder de perdón que hacen que nada me parezca difícil para que yo lo acometa. No te rías, Lucía; pero es la verdad. ¿Tú has leído unos versos de Longfellow[3] que se llaman «Excelsior»? Un joven, en una tempestad de nieve, sube por un puerto pobre, montaña arriba, con una bandera en la mano que dice: —«Excelsior». No te sonrías: yo sé que sabes tú latín: «¡Más alto!» —Un anciano le dice que no vaya adelante, que el torrente ruge abajo y la tempestad se viene encima: «¡Más alto!» —Una joven linda —no tan linda como tú— le dice: «Descansa la cabeza fatigada en mi seno». Y al joven se le humedecen los ojos azules, pero aparta de sí a la enamorada y le dice: «¡Más alto!»

—¡Ah no! pero tú no me apartarás a mí de ti. Yo te quito la bandera de las manos. Tú te quedas conmigo. ¡Yo soy lo más alto!

—No, Lucía: los dos juntos llevaremos la bandera. Yo te tomo para todo el viaje. Mira que, como soy bueno, no voy a ser feliz. ¡No te me canses! Y le besó la mano.

Lucía le acariciaba con los ojos la cabeza.

Y el joven al fin siguió adelante: y los monjes lo hallaron muerto al día siguiente, medio sepultado en la nieve; pero con la mano asida a la bandera, que decía: «¡Más alto!» Pues bien, Lucía: cuando no te me pones majadera, cuando no me haces lo que ayer, que me miraste de frente como con odio y te burlaste de mí y de mi bondad, y sin saberlo llegaste hasta dudar de mi honradez, cuando no te me vuelves loca como ayer, me parece, cuando salgo de aquí, que me brilla en las manos la bandera. Y veo a todo el mundo pequeño, y a mí como un gigante dichoso. Y siento mayor necesidad, una vehemente necesidad de amar y perdonar a todo el mundo. En la mujer, Lucía, como que es la hermo-

---

[3] Se refiere, claro está, al gran poeta estadounidense Henry Longfellow (1807-1882), que asimiló el romanticismo en sus fuentes más puras y lo vertió en sus versos con un marcado acento americano, lo cual le hace acreedor de la mayor estima de Martí.

sura mayor que se conoce, creemos los poetas hallar como un perfume natural todas las excelencias del espíritu; por eso los poetas se apegan con tal ardor a las mujeres a quienes aman, sobre todo a la primera a quien quieren de veras, que no es casi nunca la primera a quien han creído querer; por eso cuando creen que algún acto pueril o inconsiderado las desfigura, o imaginan ellos alguna frivolidad o impureza, se ponen fuera de sí, y sienten unos dolores mortales, y tratan a su amante con la indignación con que se trata a los ladrones y a los traidores, porque como en su mente las hicieran depositarias de todas las grandezas y claridades que apetecen, cuando creen ver que no las tienen, les parece que han estado usurpándoles y engañándoles con maldad refinada, y creen que se derrumban como un monte roto, por la tierra, y mueren aunque sigan viviendo, abrazados a las hojas caídas de su rosa blanca. Los poetas de raza mueren. Los poetas segundones, los tenientes y alféreces de la poesía, los poetas falsificados, siguen su camino por el mundo besando en venganza cuantos labios se les ofrecen, con los suyos, rojos y húmedos en lo que se ve, ¡pero en lo que no se ve tintos de veneno! Vamos, Lucía, me estás poniendo hoy muy hablador. Tú ves, no lo puedo evitar. Si me oyeran otras gentes, dirían que era un pedante. Tú no lo dices, ¿verdad? Es que en cuanto estoy algún tiempo cerca de ti, de ti que nadie ha manchado, de ti en quien nadie ha puesto los labios impuros, de ti en quien mido yo como la carne de todas mis ideas y como una almohada de estrellas donde reclino, cuando nadie me ve, la cabeza cansada, estas cosas extrañas, Lucía, me vienen a los labios tan naturalmente que lo falso sería no recordarlas. Por fuera me suelen acusar de que soy rebuscado y exagerado, y tú habrás notado que ya yo hablo muy poco. ¿Qué culpa tengo yo de que sea así mi naturaleza, y de que al influjo de tu cariño enseñe todas sus flores?

Y le besó las dos manos, como pudiera un niño haber besado dos tórtolas.

Así, aunque no parezca cierto, suelen hablar y sentir algunos seres «vivos y efectivos», como dicen las lápidas de los nichos en que están enterrados los oficiales militares muertos en el servicio de la corona española. Así exactamente, y sin quitar ni poner ápice, era como sentía y hablaba Juan Jerez.

—Tú me perdonas, Juan, dijo Lucía antes de que hubieran pasado algunos momentos, bajos los ojos y la voz, como pecador contrito que pide humildemente la absolución de su pecado. Juan, yo no sé qué es, ni para qué te quiero, aunque sí sé que te quiero por lo mismo que vivo, y que si no te quisiera no viviría. Y mira, Juan, te miento; ahora mismo te estoy mintiendo, yo creo que no sé por qué te quiero, pero debo saberlo muy bien, sin notarlo yo, porque sé por qué pueden quererte los demás. Y como si te conocen, han de quererte como yo te quiero, ¡no me regañes Juan! ¡yo no quisiera que tú conocieses a nadie! ¡Yo te querría mudo, yo te querría ciego: así no me verías más que a mí, que le cerraría el paso a todo el mundo, y estaría siempre ahí, y como dentro de ti, a tus pies donde quisiera estar ahora! ¿Tú me perdonas, Juan? Luego, yo no soy soberbia, y no creo que yo sólo soy hermosa: ¡tú dices que yo soy hermosa! yo sé que fuera de mí hay muchas cosas y muchas personas bellas y grandes; yo sé que no están en mí todas las hermosuras de la tierra, y como a ti te caben en el alma todas, y eres tan bueno que te he visto recoger todas las flores pisadas en las calles y ponerlas con mucho cuidado donde nadie las pise, creo, Juan, que yo no te basto, que cualquier cosa o persona hermosa, te gustaría tanto como yo, y odio un libro si lo lees, y un amigo si lo vas a ver, y una mujer si dicen que es bella y puedes verla tú. Quisiera reunir yo en mí misma todas las bellezas del mundo, y que nadie más que yo tuviera hermosura alguna sobre la tierra. Porque te quiero, Juan, lo odio todo. Y yo no soy mala, Juan; yo me avergüenzo de eso, y luego me entran remordimientos, y besaría los pies de los que un momento antes quería no ver vivos, y de mi sangre les daría para que viviesen si se muriesen; ¡pero hay instantes, Juan, en que odio todas las cosas, a todos los hombres y a todas las mujeres! ¡Oh, a todas las mujeres! Cuando no estás a mi lado, y pienso en alguien que pueda agradar tus ojos u ocupar tu pensamiento, créemelo, Juan: ¡ni sé lo que veo, ni sé qué es lo que me posee, pero me das horror, Juan, y te aborrezco entonces, y odio tus mismas cualidades, y te las echo

169

en cara, como ayer, para ver si llegas tú a odiarlas, y a no ser tan bueno, y si así no te quieren! Eso es, Juan, no es más que eso. A veces, y te lo diré a ti solo, sufro tanto que me tiendo en el suelo en mi cuarto, cuando no me ven, como una muerta. Necesito sentir en las sienes mucho tiempo el frío del mármol. Me levanto, como si estuviera por dentro toda despedazada. Me muero de una envidia enorme por todo lo que tú puedas querer y lo que pueda quererte. Yo no sé si eso es malo, Juan: ¿tú me perdonas?

La magnolia, nuestra antigua conocida, oyó, a las últimas horas de la tarde, el final de esta conversación congojosa.

Lindo es el montecito que domina por el Este a la ciudad, donde a brazo partido lucharon antaño, macana contra lanza y carne contra hierro, el jefe de los indios y el jefe de los castellanos, y de barranco en barranco abrazados, matándose y admirándose iban cayendo, hasta que al fin, ya exhausto, e hiriéndose con su propia macana la cabeza, cayó el indio a los pies del español, que se levantó la visera, dejando ver el rostro bañado en sangre, y besó al indio muerto en la mano. Luego, como que era recio de subir, le escogieron para sus penitencias los devotos, y es fama que por su falda pedregosa subían de rodillas en lo más fuerte del sol, los penitentes, cantando el rosario.

Vinieron gentes nuevas, y como que el monte es corto y de forma bella, y desde él se ve a la ciudad, con sus casas bajas, de patios de arbolado, como una gran cesta de esmeraldas y ópalos, limpiaron de piedras y yerbajos la tierra que, bien abonada, no resultó ingrata; y de la mejor parte del monte hicieron un jardín que entre los pueblos de América no tiene rival, puesto que no es uno de esos jardinuelos de flores enclenques, y arbustos podados, con trocitos de césped entre enverjados de alambre, que más que cosa alguna dan idea de esclavitud y artificio, y de los que con desagrado se aparta la gente buena y discreta; sino uno como bosque de nuestras tierras, con nuestras propias y grandes flores y nuestros árboles frutales, dispuestos con tal arte que están allí con gracia y abandono, y en grupos irregulares y como poco cuidados, de tal manera que no parece que aquellos bambúes, plátanos y naranjos han sido llevados allí por las manos del jardinero, ni aquellos lirios de agua, puestos como en montón que bordan el estrecho arroyo cargado de aguas secas, fueron allí trasplantados como en realidad fueron: antes bien, parece que todo floreció allí de suyo y con libre albedrío, de modo que allí el alma se goza y comunica sin temor, y no bien hay en la ciudad una persona feliz, ya necesita ir a decírselo al montecito, que nunca se ve solo, ni de día ni de noche.

Por allí, en la tarde en que vamos caminando, halló Pedro Real razón para encontrarse a caballo, el cual dejó en la cumbre, mientras que, golpeándose con el latiguillo los botines, se perdía, sin recordar el cuadro de Ana, por la calle de los lirios. Por allí, y sin saber por cierto que Pedro andaba cerca, acababa Adela, con tres amigas suyas, que estrenaban unos sombreros de paja crema adornados con lilas, de bajar del carruaje, que en la cumbre, con los caballos, esperaba. Por allí, sin que lo supiese Adela tampoco, aunque sí lo sabía Pedro, andaban lentamente, con las dos niñas menores, Sol y doña Andrea: doña Andrea, que desde que el colegio le devolvió a su Sol y podía a su sabor recrear los ojos, con cierto pesar de verle el alma un poco blanda y perezosa, en aquella niña suya de «cutis tan transparente, decía ella, como una nube que vi una vez, en París, en un medio punto de Murillo», andaba siempre hablando consigo en voz baja, como si rezase; y otras regañaba por todo, ella que no regañaba antes jamás, pues lo que quería en realidad, sin atreverse, era regañar a Sol, de quien se encendía en celos y en miedos cada vez que oía preparativos de fiesta o de paseo, que por cierto no eran muchos, pero sobrados ya para que temiese con justicia doña Andrea por su tesoro. Ni con el mayor bienestar que con el sueldo de Sol en el colegio había entrado en la casa, se contentaba doña Andrea; y a veces se dio la gran injusticia de que aquella hermosura que ella tanto mimaba, y que desde la infancia de la niña cuidaba ella y favorecía, se le echase en cara como un pecado, que le llevó un día a prorrumpir en este curiosísimo despropósito, que a algunas personas pareció tan gracioso como cuerdo: «Si Manuel viviera, tú no serías tan hermosa». Enojábase doña Andrea cuando oía, allá

171

por la hora en que Sol volvía con una criada anciana del colegio, la pisada atrevida del caballo de cierto caballero que ella muy especialmente aborrecía; y si Sol hubiese mostrado, que nunca lo mostró, deseos de ver la arrogante cabalgadura, fuera de una vez que se asomó sonriendo y no descontenta, a verla pasar detrás de sus persianas, es seguro que por allí hubieran encontrado salida las amarguras de doña Andrea, que miraba a aquel gallardísimo galán, a Pedro Real, como a abominable enemigo. Ni a galán alguno hubiera soportado doña Andrea, cuyos pesares aumentaba la certidumbre de que aquel que ella hubiera querido por tenerlo muy en el alma, que poseyese a su Sol, no sería de Sol nunca, por lo alto que estaba, y porque era ya de otra. Mas aquella mansísima señora se estremecía cuando pensaba que, por parecer proporcionados en la gran hermosura externa, pudiesen algún día acercarse en amores aquel catador de labios encendidos y aquella copa de vino nuevo. Sentía fuerzas viriles doña Andrea, y determinación de emplearlas, cada vez que el caballo de Pedro Real piafaba por los adoquines de la calle. ¡Como si los cuerpos enseñasen el alma que llevan dentro! Una vez, en una habitación recamada de nácar, se encontró refugiado a un bandido. Da horror asomarse a muchos hombres inteligentes y bellos. Se sale huyendo, como de una madriguera. Y ya se sabía por toda la ciudad, con envidia de muchas locuelas, que tras de Sol del Valle había echado Pedro Real todos sus deseos, sus ojos melodiosos, su varonil figura, sus caballos caracoleadores, sus ímpetus de enamorado de leyenda. Y lo despótico de la afición se le conocía en que, bruscamente, y como si no hubiera estado perturbando con vislumbres de amor sus almas nuevas, cesó de decir gallardías, a afectar desdenes a aquellas que más de cerca le tuvieron desde su llegada de París, ya porque de público se las señalase como las conquistas más apetecidas, ya porque lo picante de su trato le diese fácil ocasión para aquellas conversaciones salpimentadas que son muy de uso entre aquellos de nuestros caballeros jóvenes que han visto tierras, y suplen con lo atrevido del discurso la escasez de la gracia y el intelecto. La conversación con las damas ha de ser de plata fina, y trabajada en filigrana leve, como la trabajan en Génova y México.

En ser visto donde Sol del Valle había de verlo, ponía Pedro Real el mayor cuidado; en que no se la viera sin que se le viese a él; si al teatro, bajo el palco a que fue Sol, que fue el de la directora, y no más que dos veces, estaba la luneta de Pedro; si en Semana Santa, por donde Sol iba con Lucía y Adela, Pedro, sin piedad por Adela, aparecía. Decirle, nada le había dicho. Ni escribirle. Ni nadie afectaba, al saludarla en público, encogimiento y moderación mayores. Y parecía más arrogante, porque no iba tan pulido. Ni le decía, ni le escribía; pero quería llenarle el aire de él. A la salida del teatro, la segunda noche que fue a él Sol, ofrecía un pequeñuelo de sombrero de pita y pies descalzos un ramo de camelias color de rosa, que eran allí muy apreciadas y caras. Y en el punto en que salió Sol, y con rapidez tal que pareció a todos cosa artística, tomó el ramo Pedro Real, lo deshizo de modo que las camelias cayeron al suelo, casi a los pies de Sol, y dijo, como si no quisiera ser oído más que del amigo que tenía al lado: «Puesto que no es de quien debe ser, que no sea de nadie». Y como la fantasía que la hermosura de Sol arrancó a Keleffy era ya a manera de leyenda en la ciudad, Pedro Real, con tacto y profundidad mayores de los que pudieran suponérsele, compró, para que nadie volviese a tocar en él, el piano en que habían tocado aquella noche Sol y Keleffy.

Sonaban por la ciudad alegremente las chirimías, los pífanos y los tambores. Los balcones de la calle de la Victoria eran cestos de rosas, con todas las damas y niñas de la ciudad asomadas a ellos. Por cada bocacalle entraba en la de la Victoria, con su banda de tamborines a la cabeza, una compañía de milicianos. Unos llevaban pantalón blanco de dril, con casaquín de lana perla, cruzado el pecho de anchas correas blancas, con asta plateada. Otros iban de blanco y rojo, blanco el pantalón, la casaca roja. Iban otros más de ciudadanos, y aunque menos brillantes, más viriles: llevaban un pantalón de azul oscuro y uno como gabán corto y justo, cerrado con doble hilera de botones de oro por delante: el sombrero era de fieltro negro de alas anchas, con un delgado cordón de oro, que caía con dos bellotas a la espalda. En las esquinas iban las compañías tomando puesto. ¡Qué conmovedoras las banderas rotas! ¡Qué arrogantes, y como sacerdotes, los que las llevaban! Parecían altos aunque no lo fueran. No parecían bien, cerca de aquellos pabellones desgarrados, los banderines de seda y flores de oro en que con letras de realce iban bordados los números de las compañías. ¡Qué correr desalados, el de los muchachos por las calles! Verdad que hasta los hombres mayores, periódico en mano y bastón al aire, corrían. A algunos, se les saltaban las lágrimas. Parecía como que de adentro empujaba alguien a las gentes. Cuando una banda sonaba a distancia, como si estuviera yéndose, los muchachos, aun los más crecidos, corrían tras ella, con la cara angustiada, como si se les fuera la vida. Y los más pequeños, cruzando de un lado para otro, mirados desde los balcones, parecían los granos sueltos de un racimo de uvas. Las nueve serían de la mañana, y el cielo estaba alegre, como si le pareciese bien lo que sucedía en la tierra. Era el día del año señalado para llevar flores a las tumbas de los soldados muertos en defensa de la independencia de la patria. Entre compañía y compañía, iban carros enormes en la procesión, tirados por caballos blancos, y henchidos los tiestos de flores. Allá en el cementerio había, sobre cada tumba, clavada una bandera. ¿Qué caballería, de los elegantes de la ciudad, no estaba aquella mañana, con un ramo de flores en el ojal, saludando a las damas y niñas desde su caballo? Los estudiantes, no, ésos no estaban por las calles, aunque en los balcones tenían a sus hermanas y a sus novias: los estudiantes estaban en la procesión, vestidos de negro, y entre admirados y envidiosos de los muertos a quienes iban a visitar, porque éstos, al fin, ya habían muerto en defensa de su patria, pero ellos todavía no: y saludaban a sus hermanas y novias en los balcones, como si se despidieran de ellas. Los estudiantes fueron en masa a honrar a los muertos. Los estudiantes que son el baluarte de la Libertad, y su ejército más firme. Las universidades parecen inútiles, pero de allí salen los mártires y los apóstoles. Y en aquella ciudad ¿quién no sabía que cuando había una libertad en peligro, un periódico en amenaza, una urna de sufragio en riesgo, los estudiantes se reunían, vestidos como para fiesta, y descubiertas las cabezas y cogidos del brazo, se iban por las calles pidiendo justicia; o daban tinta a las

174

prensas en un sótano, e imprimían lo que no podían decir; se reunían en la antigua Alameda, cuando en las cátedras querían quebrarles los maestros el decoro, y de un tronco hacían silla para el mejor de entre ellos, que nombraban catedrático, y al amor de los árboles, por entre cuyas ramas parecía el cielo como un sutil bordado, sentado sobre los libros decía con gran entusiasmo sus lecciones; o en silencio, y desafiando la muerte, pálidos como ángeles, juntos como hermanos, entraban por la calle que iba a la casa pública en que habían de depositar sus votos, una vez que el Gobierno no quería que votaran más que sus secuaces, y fueron cayendo uno a uno, sin echarse atrás, los unos sobre los otros, atravesados pechos y cabezas por las balas, que en descargas nutridas desataban sobre ellos los soldados? Aquel día quedó en salvo por maravilla Juan Jerez, porque un tío de Pedro Real desvió el fusil de un soldado que le apuntaba. Por eso, cuando los estudiantes pasaban en la procesión, vestidos de negro, con una flor amarilla en el ojal, los pañuelos de todos los balcones soltábanse al viento, y los hombres se quitaban los sombreros en la calle, como cuando pasaban las banderas; y solían las niñas desprenderse del pecho, y echar sobre los estudiantes, sus ramos de rosas.

En un balcón, con sus dos hermanas mayores y la directora, estaba Sol del Valle. En otro, con un vestido que la hacía parecer como una imagen de plata, una linda imagen pagana, estaba Adela. Más allá, donde Sol y Adela podían verlas, ocupaba un ancho balcón, amparado del sol por un toldo de lona, Lucía con varias personas de la familia de su madre, y Ana. En una silla de manos habían traído a Ana hasta la casa. Muy mala estaba, sin que ella misma lo supiese bien; estaba muy mala. Pero ella quería ver, «con su derecho de artista, aquella fiesta de los colores: a la tierra le faltaba ahora color: ¿verdad, Juan? Mira si no, cómo todo el mundo se viste de negro. Quiero oír música, Lucía: quiero oír música. Quiero ver las banderas al viento». Y allí estaba en el ancho balcón, vestida de blanco, muy abrigada, como si hubiese mucho frío, mirando avariciosamente, como si temiera no volver a ver lo que veía, y sintiendo cómo dentro del pecho, porque no se las viesen, le estaban cayendo las lágrimas.

Lucía distinguió a Sol, y miró si estaba en el balcón, o dentro, Juan Jerez. Sol, no bien vio a Lucía, no quitó de ella los ojos, para que supiese que estaba allí, y cuando le pareció que Lucía la estaba viendo, la saludó cariñosamente con la mano, a la vez que con la sonrisa y con los ojos. Prefería ella que Lucía la mirase, a que la miraran los jóvenes mejor conocidos en la ciudad, que siempre hallaban manera de detenerse más de lo natural frente a su balcón. A Pedro Real pagó con un movimiento de cabeza su humilde saludo, cuando pasó a caballo; y no lo vio con pena, ni con afecto que debiera afligir a doña Andrea, todo lo cual vio Adela desde su balcón, aunque estaba de espaldas. Pero Lucía se había entrado por el alma de Sol, desde la noche en que le pareció sentir goce cuando se clavó en su seno la espina de la rosa. Lucía, ardiente y despótica, sumisa a veces como una enamorada, rígida y frenética enseguida sin causa aparente, y bella entonces como una rosa roja, ejercía, por lo mismo que no lo deseaba, un poderoso influjo en el espíritu de Sol, tímido y nuevo. Era Sol como para que la llevasen en la vida de la mano, más preparada por la Naturaleza para que la quisiesen que para querer, feliz por ver que lo eran los que tenía cerca de sí, pero no por especial generosidad, sino por cierta incapacidad suya de ser ni muy venturosa ni muy desdichada. Tenía el encanto de las rosas blancas. Un dueño le era preciso, y Lucía fue su dueña.

Lucía había ido a verla; a buscarla en su coche para que paseasen juntas; a que fuese a su casa a que la conociera Ana; y Ana la quiso retratar; pero Lucía no quiso «porque ahora Ana estaba fatigada, y la retrataría cuando estuviese más fuerte», lo que, puesto que Lucía lo decía, no pareció mal a Sol. Lucía fue a vestirla una de las noches que iba Sol al teatro, y no fue ella: ¿por qué no iría ella? Juan Jerez tampoco fue esa noche: y por cierto que esa vez Lucía le llevó, para que lo luciese, un collar de perlas: «A mí no me lo conocen, Sol: yo nunca me pongo perlas»; pero doña Andrea, que ya había comenzado a dar muestras de una brusquedad y entereza desusadas, tomó a Lucía por las dos manos con que estaba ofreciendo el collar a Sol, que no veía mucho pecado en llevarlo, y mirando a la amiga de su hija en los ojos, y apretando sus manos con cariño a la vez que con firmeza, le dijo con acento que dejaba pocas dudas: «No, mi niña, no», lo que Lucía entendió muy bien, y quedó como olvidado el collar de perlas. A la mañana siguiente, a la hora de que Sol fuese a sus clases, fue Lucía a buscarla para que diesen una vuelta en el coche por cerca del colegio, y le preguntó con ahínco sobresaltado y doloroso que a quién vio, que quién subió a su palco, que a quien llamó la atención, que dónde estaba Pedro Real: «¡Oh! Pedro Real, tan buen mozo; ¿no te gusta Pedro Real? Yo creo que Pedro Real llamaría la atención en todas partes. Has visto cómo desde que te conoce no se ocupa de nadie Pedro Real»; pero pronto acabó de hablar de esto Lucía. Quién estaba en el teatro, no le importaba mucho saberlo: Juan no había estado; pero ¿a la salida quién estaba? ¿no recuerdas quién estaba a la salida? ¿Estaba...? y no acababa de preguntar quién había estado. Ni sabía Sol por quién le preguntaba. No: Sol no había visto a nadie. Iba muy contenta. La directora la había tratado con mucho cariño. Sí, Pedro Real había estado; pero no a saludarla: nadie había subido a saludarla. La habían mirado mucho. Decían que el cónsul francés había dicho una cosa muy bonita de ella. Pero al salir, no, no vio a nadie. Sol quería llegar pronto, porque se había quedado triste doña Andrea. Y al llegar en esta conversación al colegio, Lucía besó a Sol con tanta frialdad, que la niña se detuvo un momento mirándola con ojos dolorosos, que no apearon el ceño de su amiga. Y de pronto, por muchos días, cesó Lucía de verla. Sol se había afligido, y doña Andrea no; aunque la ponía orgullosa que la quisiesen a su hija; pero Lucía no: ella no veía nunca con gusto a Lucía. Un día antes de la procesión Lucía había vuelto a la casa de Sol. Que la perdonase. Que Ana estaba muy sola. Que Sol estaba más linda que nunca. «Mira, mañana te mandaré la camelia más linda que tenga en casa. Yo no te digo que vengas a mi balcón, porque... Yo sé que tú vas al balcón de la directora. Pero mira, vas a estar lindísima; ponte la camelia en la cabeza, a la derecha, para que yo pueda vértela desde mi balcón.» Y le tomó las manos, y se las besó; y conforme conversaba con Sol, se pasaba suavemente la mano de ella por su mejilla; y cuando le dijo adiós, la miraba como si supiera que corría algún peligro, y le avisase de él, y cuando fue hacia el coche, ya se le iban desbordando las lágrimas.

—¡Allí está! ¡allí está! dijo como involuntariamente, y reprimiéndose enseguida de que lo había dicho, una de las hermanas de Sol, la mayor, la que no era bella, la que no tenía más que dos ojos muy negros y acariciadores, expresivos y dulces como los de la llama, el animal que muere cuando le hablan con rudeza.

—¿Quién?

—No, no era nadie: Juan Jerez, en el balcón de Lucía.

—Sí, ya lo veo. Lucía está mirando para acá. Y se desprendió, y volvió a prender, para que Lucía lo notase, y supiera que pensaba en ella. Hermanita, dijo de pronto Sol en voz baja: hermanita, ¿no te parece que Juan Jerez es muy bueno? Yo quisiera verlo más. Nunca lo he visto cuando he ido a casa de Lucía. Yo no sé qué tiene, pero me parece mejor que todos los demás. ¿Tú crees que él querrá mucho a Lucía?

Hermanita no quería decir nada, hacía como que no oía.

—Juan Jerez iba antes algunas veces a casa, antes de que yo saliese del colegio; ¿verdad? Cuéntame, tú que lo conoces. Yo sé que él se va a casar con Lucía, aunque ella no me habla de él nunca; pero a mí me gusta hablar de él. A Lucía no me atrevo a preguntarle, como ella no me dice... Él ha sido muy bueno con mamá, ¿no? ¡La directora lo quiere tanto! Mira, allí vuelve a pasar Pedro Real: ¡es buen mozo de veras! pero yo le hallo unos ojos extraños, no son tan dulces como los de Juan. No sé; pero el único que me dijo algo la noche de Keleffy, que no se me ha olvidado, fue Juan Jerez.

Hermanita no decía palabra. Se le habían puesto los ojos muy negros y grandes como para contener algo que se salía a ellos.

Ella, que no miraba hacia el balcón, sentía que Juan Jerez había tenido puesta buen tiempo su mirada larga y bondadosa en Sol. Juan, que acariciaba los mármoles, que seguía por las calles a los niños descalzos hasta que sabía dónde vivían, que levantaba del suelo las flores pisadas, si no lo veían, y les peinaba los pétalos, y las ponía donde no pudiesen pisarlas más. De la misma manera, y con aquel deleite honrado que produce en un espíritu fino la contemplación de la hermosura, había Juan mirado a Sol largamente.

Lucía no estaba allí entonces. ¡Pobre Ana! Cuando ya iban pasando los últimos soldados, palideció, se le cubrió el rostro de sudor, cerró los ojos, y cayó sobre sus rodillas. La llevaron cargada para adentro, a volverle el sentido. Parecía una santa, vestida de blanco, con su cara amarilla. Lucía no se apartaba de su lado; Ana había vuelto en sí; Lucía había mirado ya muchas veces a la puerta, como preguntándose dónde estaría Juan. «¿En el balcón? ¡Que no esté en el balcón!» Y aun desmayada Ana, por poco no le abandona la mano.

—¡Vete, vete con Juan! le dijo Ana, apenas abrió los ojos, y le notó el trastorno; y con la mano y la sonrisa la echaba hacia la puerta suavemente.

—Bueno, bueno, vengo enseguida.

Y fue al balcón derechamente.

—¡Juan!

—¿Y Ana? ¿Cómo está Ana?

El balcón de la directora estaba ya vacío.

—Ya está bien: ya está bien. ¡Yo no sabía dónde tú estabas!

Y volvemos ahora al pie de la magnolia, cuando ya llevaba días de sucedido todo esto, y Sol estaba en una banqueta a los pies de Lucía, sentada en un sillón de hierro. Ana, con sus caprichos de madre, había querido que le llevasen aquel domingo a Sol. «¡Es tan buena, Lucía! Tú no tienes que tenerle miedo: tú también eres hermosa. Mira: yo veo a las personas hermosas como si fueran sagradas. Cuando son malas, no: me parecen vasos japoneses llenos de fango; pero mientras son buenas, no te rías, me parece, cuando estoy delante de ellas, que soy un monaguillo y que le estoy alzando la cogulla[4], como en la misa, a un sacerdote. Vamos, tráeme a Sol; ¿pero es de veras que Juan no viene hoy?»

—¡Es de veras! Sí, sí; ahora mismo voy, y te traigo a Sol.

Sol vino, y otras amigas de Ana, mas no Adela. Vivía ya Ana en un sillón de enfermo, porque andar le era penoso, y reclinarse no podía. Ya, como las tardes cuando se está yendo la luz, tenía el rostro a la vez claro y confuso, y todo él

---

[4] *cogulla:* en este contexto, designa la casulla o vestimenta exterior del sacerdote durante la Misa.

como bañado de una dulce bondad. Ni deseos tenía, porque de la tierra deseó poco mientras estuvo en ella, y lo que Ana le hubiera pedido a la tierra, de seguro que en ella no estaba, y tal vez estaría fuera de ella. Ni sentía Ana la muerte, porque no le parecía a ella que fuese muerte aquello que dentro de sí sentía crecientemente, y era como una ascensión. Cosas muy lindas debía ver, conforme se iba muriendo, sin saber que las veía, porque se le reflejaban en el rostro. La frente la tenía como de cera, alta y bruñida, y hundidas las paredes de las sienes. Aquellos ojos eran una plegaria. Tenía fina la nariz, como una línea. Los labios violados y secos, eran como una fuente de perdón. No decía sino caridades. Sola, sí, no quería estar ella. Tampoco se quiere estar solo cuando se va a entrar en un viaje: tampoco, cuando se está en las cercanías de la boda. Es lo desconocido, y se le teme. Se busca la compañía de los que nos aman. Y más que con otras se había encariñado Ana, en su enfermedad, con Sol, cuya perfecta hermosura lo era más, si cabe, por aquel inocente abandono que de todo interés y pensamiento de sí tenía la niña. Y Ana estaba mejor cuando tenía a Sol cogida de la mano, en cuyas horas Lucía, sentada cerca de ellas, era buena.

Dormía Ana en aquellos momentos, cuando en el patio hablaban Lucía y Sol. Hablaban del colegio, que había dado su examen en aquella semana, y dejaba a Sol libre durante dos meses: y a Sol no le gustaba mucho enseñar, no, «pero sí me gusta: ¿no ves que así no pasa mamá apuros? ¡Mamá!» Y Sol contaba a Lucía, sin ver que a ésta al oírlo se le arrugaba el ceño, cómo inquietaban a doña Andrea los cuidados de Pedro Real, de que no hablaba la señora, porque la niña no se fijase más en él; pero ella no, ella no pensaba en eso.

—No, ¿por qué no?

—No sé: yo no pienso todavía en eso: me gusta, sí, me gusta verle pasear la calle y cuidarse de mí; pero más me gusta venir acá, o que tú vayas a verme, y estar con Ana y contigo. Luego, Pedro Real me da miedo. Cuando me mira, no me parece que me quiere a mí. No sé cómo explicarlo, pero es como si quisiera en mí otra cosa que no soy yo misma. Porque a mí me parece, ¡anda, Lucía, tú puedes decirme de eso! a mí me parece que cuando un hombre nos quiere, debemos como vernos en sus ojos, así como si estuviéramos en ellos, y dos veces que he visto de cerca a Pedro Real, pues no me ha parecido encontrarme en sus ojos. ¿No es verdad, Lucía, que cuando a uno lo quieren le sucede a uno eso?

En la mano de Lucía se encogió de pronto el cabello de Sol con que jugaba.

—¡Ay! me haces daño.

—¿Quieres que vayamos a ver cómo está Ana?

Y ya se estaba poniendo en pie para ir a verla, y arreglándose Sol los cabellos, aquellos cabellos suyos finos, de color castaño con reflejos dorados, cuando a un tiempo se oyeron dos diversos ruidos: uno en el cuarto de Ana, como de mucha gente que se moviera y hablara agitadamente, otro a la puerta de la calle, donde, con aire desembarazado, saltaba un hombre apuesto, de una mula de camino.

—¡Juan! murmuró Lucía, poniéndose más blanca que las camelias.

—¿Juan Jerez? dijo Sol alegrándosele el rostro, y acabando apresuradamente de sujetarse las trenzas.

Lucía, en pie y ceñuda, y con los ojos puestos sobre Sol, a quien turbaba aquel silencio, aguardó apoyada en la silla de hierro, a Juan que, reparando apenas en Sol, venía hacia su prima con las manos tendidas.

—Señorita Sol, ¿qué me le ha hecho a mi Lucía? ¿Por qué no sales a recibirme? ¿para castigarme porque por verte hoy he andado veintidós leguas en mula?

A Lucía se le veían temblar los labios imperceptiblemente, y como crecer los ojos. Su mano se sacudía entre las de Juan, que la miraba con asombro.

Sol hacía como que sobre una mesita un poco alejada arreglaba las flores de un vaso.

—Lucía, ¿qué tienes?

—¡Sol, Lucía, vengan! dijo acercándose a ellas una de sus amigas que salía del cuarto de Ana precipitadamente. Ah, Juan, ¡qué bueno que esté aquí! Ve, Lucía, ve, yo creo que Ana se muere.

—¡Ana!

—Sí, mande enseguida por el médico.

Saltó Juan en la mula, y echó a escape. Sol ya estaba al

lado de Ana; Lucía miró muy despacio a la puerta de la calle, miró con ira a aquella por donde había entrado Sol, y se quedó unos momentos de pie, sola en el patio, los dos brazos caídos, y apretados a los costados, fijos los ojos delante de sí tenazmente. Y echó a andar hacia el cuarto de Ana, después de haber mirado a su alrededor a todos los lados, como si temiese.

¡Al campo! ¡al campo! Todos van al campo. Todos, sí, todos. Adela y Pedro Real, Lucía y Juan, y Ana y Sol. Y, por supuesto, las personas mayores que, por no influir directamente en los sucesos de esta narración, no figuran en ella. ¡Al campo todos!

El médico llegó aquel domingo en momentos en que Ana abría los ojos, que a Sol arrodillada al borde de su cama fue lo primero que vieron.

—¡Ah, tú, Sol! Y Sol le pasaba la mano por la frente, y le apartaba de ella los cabellos húmedos.

Lucía arreglaba las almohadas de manera que Ana pudiera estar como sentada. Sus amigas todas rodeaban la cama, y Ana, sin fuerzas aún para hablar, les pagaba sus miradas de angustia con otras de reconocimiento. Parecía que era dichosa. Sol quiso retirar la mano con que tenía asida la de Ana; pero Ana la retuvo.

—¿Qué ha sido, eh, qué ha sido? Sentí como si todo un edificio se hubiese derrumbado dentro de mí. Ya, ya pasó. Ya estoy bien. Y se le cayó la cabeza al otro lado de las almohadas.

El médico la halló de esta manera, le puso el oído sobre el corazón, abrió de par en par la ventana y las puertas, y aconsejó que sólo quedase junto a ella la persona que ella desease.

Ana, que parecía no oír, abrió los ojos, como si el aire le hubiese hecho bien, y dijo:

—Juan ha llegado, Lucía.

—¿Cómo sabes?

—Vete con Juan, Lucía. Sol, tú te quedas.

Miró Sol a Lucía, como preguntándole; a Lucía, que estaba en pie al lado de la cama, duros los labios y los brazos caídos.

182

Juan llamaba a la puerta en este instante, y el médico lo entró en el cuarto, de la mano.

—Venga a decirme si no es locura pensar que corre riesgo esta linda niña. Y con los ojos, desdecía el médico sus palabras. Pero es indispensable que la enfermita vea el campo. Es indispensable. No me pregunte Vd. qué remedio necesita, dijo el médico clavando los ojos en Juan. Mucho reposo, mucho aire limpio, mucho olor de árboles. Llevénmela donde haya calor, estos tiempos húmedos pueden hacerle mucho daño. Si mañana mismo pueden Vds. disponer el viaje, sea mañana mismo. Pero, niña, no se me vaya a ir sola. Lleve gente que la quiera, y que la arrope bien por las mañanitas y por las tardes. ¿Y esta señorita? añadió volviéndose a Sol. Y creo que Vd. se me pone buena si lleva consigo a esta señorita.

—Oh, sí, Sol va conmigo; ¿no, Juan?

—Por supuesto, dijo Juan vivamente, pensando con placer en que así se regocijaría Ana, cuya afición a Sol le era ya conocida, y se daría una prueba de estimación a la pobre viuda: por supuesto que la llevamos. Va a ser una gala de los ojos ver ir por un caminito de rosales que yo me sé, cogidas del brazo, a Sol, Ana y Lucía. Lucía, mañana nos vamos. Sol, voy ahora a su casa a pedirle permiso a doña Andrea. ¿Te parece, Lucía, que invitemos a Adela y a Pedro Real? ¡Upa, Ana, upa! Allá tengo unos inditos en el pueblo que te van a dar asunto para un cuadro delicioso. ¿Vamos, doctor? Acarició Juan una mano de Ana, besó la de Lucía, con un beso que la regañaba dulcemente, y salió al corredor, hablando como muy contento con el médico.

Ana llamó a Lucía con una mirada, y así que la tuvo cerca de sí, sin decir palabra, y sonriendo felizmente, trajo sobre su seno con un esfuerzo las manos de Lucía y de Sol, que estaban cada una a un lado de ella, y paseando sus ojos por sobre sus cabezas, como conversándoles, retuvo largo tiempo unidas las manos de ambas niñas bajo las suyas.

Y Sol miró a Lucía de tan linda manera, que no bien Ana se quedó como dormida, se acercó Lucía a Sol, la tomó por el talle cariñosamente, y una vez en su cuarto, empezó a vaciar con ademanes casi febriles sus cajas y gavetas.

—Todo, todo, todo es para ti. Y Sol quería hablar, y ella no la dejaba. Mira, pruébate este sombrero. Yo nunca me lo he puesto. Pruébatelo, pruébatelo. Y éste, y este otro. Esos tres son tuyos. Sí, sí, no me digas que no. Mira, trajes: uno, dos, tres. Este es el más bonito para ti. ¿Oyes? Yo quiero mucho a Pedro Real. Yo quiero que tú quieras a Pedro Real. Que te vea muy bonita. Que te vean siempre más bonita que yo. Pero óyeme, a Juan no me lo quieras. Tú déjame a Juan para mí sola. Enójalo. Trátalo mal. Yo no quiero que tú seas su amiga. ¡No, no me digas nada! sí, es chanza, sí, es chanza. ¿Ves? Este vestido malva sí te va a estar bien. A ver, ¡qué bien hace con tu pelo castaño! ¿Ves? Es muy nuevo. Tiene el corpiño como un cáliz de flor, un poco recto; no como esos de ahora, que parecen una copa de champaña: muy delgados en la cintura, y muy anchos en los hombros. La saya es lisa; no tiene tableados ni pliegues; cae con el peso de la seda hasta los pies. ¿Ves? a mí me está muy corta. A ti te estará bien. Es un poco ancha, a lo Watteau[5]. ¡Mi pastorcita! ¡mi pastorcita! Yo nunca me la he puesto. ¿Tú sabes? A mí no me gustan los colores claros. ¡Ah! mira: aquí tienes, y escondía algo con las dos manos cerradas detrás de su espalda, aquí tienes, y no te lo vas a quitar nunca, aunque se nos enoje doña Andrea. Cierra los ojos.

Los cerró Sol venturosa de verse tan querida por su amiga, y cuando los abrió, se vio en el brazo, e hizo por quitarse con un gesto que Lucía le detuvo, un brazalete de cuatro aros de perlas margaritas.

—Sí, sí, es muy rico; pero yo quiero que tú lo tengas. No: nada, nada que me digas: ¿ves? yo tengo aquí otro, de perlas negras. ¡Y nunca, nunca te lo quites! Yo quiero ser muy buena. Y la tomó de las dos manos, y la besó en las dos mejillas apasionadamente. ¡Ven, vamos a ver a Ana!

Y salieron del cuarto, cogidas del talle.

¡Al campo, al campo! Doña Andrea no sabe que va Pedro

---

[5] Antoine Watteau (1684-1712) es un gran pintor francés que se enfrentó al ortodoxo clasicismo de Luis XIV, con objeto de intensificar la plasticidad de las figuras y la expresividad del color. Puede considerarse como un lejano precursor del impresionismo.

184

Real; que si lo supiese, no dejaría ir a Sol: aunque a Juan, ¿qué le negaría ella? ¡A Juan! Ése, ése era el que ella hubiera querido para Sol. «Bueno, Juan: que no salga al sol mucho». Juan preguntó en vano por la hermana mayor, por Hermanita. Ella estaba en la casa cuando entró él; pero ahora no: estará en casa de alguna vecina. No, Hermanita estaba allí; estaba en el comedor, detrás de las persianas. Ella veía a quien no la veía. «¡Cierra los ojos, Hermanita, no veas a lo que no debes ver!» Y cuando Juan salió, las persianas se entornaron, como unos ojos que se cierran.

¡Al campo, al campo! Cuatro mulas tiran del carruaje, con collares de plata y cencerro, porque Ana vaya alegre: y las mulas llevan atadas en el anca izquierda unas grandes moñas rojas, que lucen bien sobre su piel negra. El cochero es Pedro Real, que lleva al lado a Adela; en la imperial, Juan y Lucía; adentro, con la gente mayor, que es muy respetable, pero no nos hace falta para el curso de la novela, Ana sentada entre almohadas, muy mejor con el gozo del viaje, con su cuaderno de apuntes en la falda, para copiar lo que le guste del camino, que ya le parece que está buena, y Sol a su lado, con un vestido de sedilla color de ópalo, tranquila y resplandeciente como una estrella.

Pedro Real se mordió el bigote rizado cuando vio que no iba a ser Sol su compañera en el pescante. Y con Adela iba muy cortés. Pero ¿Ana no necesitaría nada? Juan, ¿irá Ana bien? Deberíamos bajar. ¡Voy a bajar un momento, a ver si Ana va bien! Bajó muchos momentos. Y las mulas, aunque diestras, más de una vez se iban un poco del camino, como si no estuviese bastante puesto en ellas el pensamiento del cochero.

Era como de seis leguas el camino, y todo él a un lado y otro de tan frondosa vegetación que no había manera de tener los ojos sino en constante regalo y movimiento. Porque allá al fondo era un bosque de cocoteros, o una hilera de palmas lejanas que iba a dar en la garganta de dos montes; ya era, al borde mismo del camino, una pendiente llena de flores azules y amarillas que remataba en un río de espumas blancas, nutrido con las aguas de la sierra, o eran ya a la distancia, imponentes como dos mensajes de la tierra al cielo, dos volcanes dormidos, a cuya falda serpeada por arroyuelos de agua blanca viva y traviesa, se recogían, como siervos azotados a los pies de sus dueños, las ciudades antiguas, desdentadas y rotas, en cuyos balcones de hierro labrado, mantenidos como por milagro sin paredes que los sustentasen sobre las puertas de piedra, crecían en hilos que llegaban hasta el suelo copiosas enredaderas de ipomea[6]. De una iglesia que tuvo los techos pintados, y dorados de oro fino de lo más viejo de América los capiteles de los pilares, quedaba en pie, como una concha clavada en tierra por el borde, el fondo del altar mayor, cobijado por una media bóveda: un bosquecillo había crecido al amor del altar; la pared interior, cubierta de musgo, le daba desde lejos apariencia de cueva formidable; y era cosa común y sumamente grata ver salir de entre los pedruscos floridos, al menor ruido de gente o de carruajes, una bandada de palomas. Otra iglesia, de que no había quedado en pie más que el crucero, tenía el domo completamente verde, y las paredes de un lado rosadas y negras, como los bordes de una herida. Y por el suelo no podía ponerse el pie sin que saltase un arroyo.

Llegaron a los volcanes; pasaron por las ciudades antiguas: más allá iban; y no se detuvieron. Lucía, a la sombra de su quitasol rojo, se sentía como la señora de toda aquella natural grandeza, y como si el mundo entero, de que tenía a los ojos hermosa pintura, no hubiera sido fabricado más que para cantar con sus múltiples lenguas los amores de Lucía Jerez y de su primo. Y se veía ella misma lo interior del cráneo como si estuviese lleno de todas aquellas flores: lo que le sucedía siempre que estaba sola, con Juan Jerez al lado. Adela y Pedro hablaban de formalísimos sucesos, que tenían la virtud de poner a Adela contemplativa y silenciosa, dando a Pedro ocasión para ir callado buena parte del camino, lo cual aprovechaba él en celebrar consigo mismo animados coloquios: y a cada instante era aquello de: «Juan, ¿cómo estará

[6] *ipomea:* planta trepadora de jardín cuyas flores son campanillas de hermoso color azul, que se abren por la mañana y se cierran definitivamente al atardecer.

Ana? Bajaré un instante a ver si se le ofrece algo a Ana». Y Lucía reía, y daba por cosa cierta que, aunque Sol era niña recatada, ya le había dicho que Pedro Real le parecía muy bien, y se la veía que le llevaba en el alma: lo que a Juan no parecía un feliz suceso, aunque prudentemente lo callaba. Adentro del carruaje, la dichosa Sol era toda exclamaciones: jamás, jamás, en su vida de huérfana pobre, había visto Sol correr los ríos, vestirse a los bosques fuertes de campanillas moradas y azules, y verdear y florecer los campos. De un color de rosa de coral se le teñían las mejillas, y el ónix de México no tuvo nunca mayor transparencia que la tez fina de Sol, en aquella mañana de ventura en la naturaleza. ¡Ay! la buena Ana sonreía mucho, pero había olvidado levantar de su falda el cuaderno de notas.

Y de pronto sonaron unas músicas; se oscureció el camino como por una sombra grata, y refrenaron las mulas el paso, con gran ruido de hebillas y cencerros. De un salto estaba Pedro a la portezuela del carruaje, al lado de Sol, preguntándole a Ana qué se le ofrecía. Pero aquí bajaron todos, y Sol misma, que se volvió pronto al carruaje, para acompañar a Ana, y animarla a tomar del breve almuerzo que los demás, sentados en torno de una mesa rústica, gustaban con vehemente apetito, sazonado por chistes que el piadoso Juan encabezaba y atraía, porque los oyese Ana desde su asiento en el coche, traído a este propósito cerca de la mesa.

Allí, en las tazas de güiro[7] posadas en trípodes de bejuco recién cortado de las cercanías, hervía la leche que, a juzgar por lo fragante y espumosa, acababa de salir de la vaca de Durham[8] que asomó su cabeza pacífica por uno de los claros de la enredadera. Porque era aquel lugar un lindo parador, techado y emparrado de verdura, puesto allí por los dueños de la finca, para que los visitantes hiciesen de veras, al llegar de la ciudad, su almuerzo a la manera campesina. Allí el queso, que manaba la leche al ser cortado, y sabía ricamente con las tortas de maíz humeantes que servía la indita de saya azul,

---

[7] *güiro:* calabaza de corteza dura y amarilla cuando se seca.
[8] *vaca de Durham:* raza bovina procedente del condado inglés del mismo nombre.

envueltas en paños blancos. Allí unos huevos duros, o blanquillos, que venían recostados, cada uno en su taza de güiro, sobre unas yerbas de grata fragancia, que olían como flores. Allí, en la cáscara misma del coco recién partido en dos, la leche de la fruta, con una cucharilla de coco labrado que la desprendía de sus tazas naturales. Y mientras duraba el almuerzo, unos indios, descalzos y en sus trajes de lona, puestos en tierra sus sombreros de palma, tocaban, bajo otro paradorcillo más lejano, dispuesto para ellos, unos aires muy suaves de música de cuerda, que, blandamente templada por el aire matinal y la enredadera espesa, llegaba a nuestros alegres caminantes como una caricia. Adela sólo reía forzadamente. Violencia tenía que hacerse Sol para no palmotear en el carruaje. Muy feamente arrugó el ceño Lucía una vez que se acercó Juan a la portezuela del lado de Ana, y habló con ella, haciéndola reír, unos minutos: y en cuanto oyó reír a Sol, dejó Lucía su asiento, y se fue ella también a la portezuela.— ¡Ea! ¡Ea! ya tocan diana, que es el toque de bienvenida y adiós, los indios habilidosos. La indita de saya azul da a gustar a la vaca mirona una de las tazas de coco abandonadas. Al pescante van Pedro y Adela: Lucía, menos contenta, a la imperial con Juan. Y la casa de la finca, toda blanca, de techo encarnado, se ve a poca distancia. Ana ya va muy pálida; y las mulas, al olor del pesebre, vuelan camino arriba, bajo la bóveda de espesos almendros que llenan la avenida con sus hojas redondas y sus verdes frutas.

Mucha, mucha alegría. Lucía también estaba alegre, aunque no estaba Juan allí. ¿Por qué no estaba Juan?: el pleito de los indios, aunque aquellos eran días de receso en los tribunales como en escuelas, le había obligado a volver al pueblecito, si no quería que un gamonal del lugar, que tenía grandes amigos en el Gobierno, hurtase con una razón u otra a los indios la tierra que la energía de Juan había logrado al fin les fuese punto menos que reconocida en el pleito. Los indios habían salido de la iglesia con su música, el domingo antes, apenas se supo que Juan no esperaría el tren del día siguiente; y cuando le trajeron a Juan la mula, vio que la habían adornado toda con estrellas y flores de palma, y que todo el pueblo se venía tras él, y muchos querían acompañarle hasta la ciudad. Una viejita, que venía apoyada en su palo, le trajo un escapulario de la Virgen, y una guapa muchacha, con un hijo a la espalda y otro en brazos, llegó con su marido, que era un bello mancebo, a la cabeza de la mula, y puso al indito en alto para que le diese la mano al «caballero bueno»; y muchos venían con jarras de miel cubiertas con estera bien atada, u otras ofrendas, como si pudiesen dar para tanto las ancas de la caballería, muy oronda de toda aquella fiesta; y otro viejito, el padre del lugar, mi señor don Mariano, que apenas había bebido de licor alguno, aunque él mismo trabajaba el de sus plantíos propios, llegó, apoyado en sus dos hijos, que eran también como senadores del pueblo, y con los brazos en alto desde que pudo divisar a Juan, y como si hubiera al cabo visto la luz que había esperado en vano toda su vida: «Abrazarlo, decía. ¡Déjenme abrazarlo! ¡Señor, todito este pueblo lo quiere como a su hijo!» De modo que Juan, a quien habían conmovido aquellos cariños, dejó la finca, dos días después de haber llegado a ella, no bien supo que los indios, a pesar de su esfuerzo, corrían peligro de que se les quitase de las manos la posesión temporal que, en espera de la definitiva, había Juan obtenido que el juez les acordase, — el juez, que había recibido el día anterior de regalo del gamonal un caballo muy fino.

Mucha, mucha alegría. Lucía misma, que en los dos días que estuvo allí Juan le dio ocasión de extrañeza con unos cambios bruscos de disposición que él no podía explicarse, por ser mayores y menos racionales que los que ya él le conocía, estaba ahora como quien vuelve de una enfermedad.

Era la casa toda de los visitantes, por no estar en ella entonces sus dueños, que eran como de la familia de Juan. Pedro, al anochecer, salía de caza, porque era el tiempo de la de los conejos, por allí abundantísimos. De los que traía muertos en el zurrón no hablaba nunca, porque Ana no se lo había de perdonar, por haber todavía en este mundo almas sencillas que no hallan placer en que se mate, a la entrada misma de la cueva donde tiene a su compañera y a su prole, a los pobres animales que han salido a descubrir, para

189

mudarse de casa, algún rincón del bosque rico en yerbas.

Pero los conejos, de puro astutos, suelen caer de las manos del cazador; porque no bien sienten ruido, se hacen los muertos, como para que no los delate el ruido de la fuga, y cierran los ojos, cual si con esto cerrase el cazador los suyos, quien hace por su parte como que no ve, y echada hacia la espalda la escopeta, por no alarmar al conejo que suele conocerla, se va, mirando a otro lado, sobre la cama del conejo, hasta que de un buen salto le pone el pie encima y así lo coge vivo: una vez cogió tres, muy manso el uno, de un color de humo, que fue para Ana; otro era blanco, al cual halló manera de atarle una cinta azul al cuello, con que lo regaló a Sol; y a Lucía trajo otro, que parecía un rey cautivo, de un castaño muy duro, y de unos ojos fieros que nunca se cerraban, tanto que a los dos días, en que no quiso comer, bajó por primera vez las orejas que había tenido enhiestas, mordió la cadenilla que lo sujetaba, y con ella en los dientes quedó muerto.

Paseos, había pocos. Sin Ana, ¿quién había de hacerlos? Con ella no se podía. Ni Sol dejaba a Ana de buena voluntad; ni Lucía hubiera salido a goce alguno cuando no estaba Juan con ella. Adela, sí, había trabado amistades con una gruesa india que tenía ciertos privilegios en la casa de la finca, y vivía en otra cercana, donde pasaba Adela buena parte del día, platicando de las costumbres de aquella gente con la resuelta Petrona Revolorio: «y no crea la señorita que le converso por servicio, sino porque le he cobrado afición». Era mujer robusta y de muy buen andar, aunque esto la hacía sobre unos pies tan pequeños que no había modo de que Petrona llegara a ver a «sus niños» sin que le pidieran que los enseñase, lo cual ella hacía como quien no lo quiere hacer, sobre todo cuando estaba delante el niño Pedro. Las manos corrían parejas con los pies, tanto que algunas veces las niñas se las pedían y acariciaban; llevaba una simple saya de listado, y un camisolín de muselina transparente, que le ceñía los hombros y le dejaba desnudos los hermosos brazos y la alta garganta. Era el rostro de facciones graciosas y menudas, de tal modo que la boca, medio abierta en el centro y recogida en dos hoyuelos a los lados, no era en todo más grande que sus ojos. La naricilla, corta y un tanto redonda y vuelta en el extremo, era una picardía. Tenía la frente estrecha, y de ella hacia atrás, en dos bandas no muy lisas, el cabello negro, que en dos trenzas copiosas, veteadas de una cinta roja, llevaba recogida en cerquillo, como una corona, sobre lo alto de la cabeza. Un chal de listado tenía siempre puesto y caído sobre un hombro; y no había quien, cuando remataba una frase que le parecía intencionada, se echase por la espalda con más brío el chal de listado. Luego echaba a correr, riendo y hablando en una jerga que quería ser muy culta y ciudadana; y se iba a preparar a la niña Ana, lo cual hacía muy bien, unos tamales[9] de dulce de coco y un chocolatillo claro, que era lo que con más gusto tomaba, por lo limpio y lo nuevo, nuestra linda enferma. Y mientras Ana los gustaba, Petrona Revolorio, con el chal cruzado, se sentaba a sus pies «no por servicio, sino porque le había cobrado afición», y le hacía cuentos.

¿El alba, sin que Petrona Revolorio estuviese a la puerta del cuarto de la niña Ana con su cesta de flores, que ella misma quería ponerle en el vaso y ver con sus propios ojos cómo seguía la niña? —«¡Mi niñita!: mírenla qué galana está hoy: se lo voy a decir al niño Pedro que nos dé un baile de convite a las señoras, y vamos a sacarla a bailar con el niño Pedro. ¡Y él sí que es galán también, el niño Pedro! —Mire, mi niñita: no le traigo de esos jazminotes blancos, porque los de acá huelen muy fuerte; pero aquí le pongo, en este vaso azul, esos jazmines de San Juan, que acá se dan todo el año y huelen muy bien de noche. Conque, mi niñita, prepárese para el baile, y que le voy a prestar un chal de seda encarnada que yo tengo, que me la va a poner más linda que la misma niña Sol. ¡Cómo está que se muere el niño Pedro por la niña Sol! Pero yo no sé qué tiene la niña Adela, que está como aburrida. —¿Quiere mi niñita los tamales hoy de coco, o de carnecita fresca? Ayer maté un cochito[10], que está

---

[9] *tamal:* empanada envuelta en hojas de plátano o de la mazorca del maíz y rellena de ingredientes muy variados.
[10] *cochito:* diminutivo de *coche,* cerdo.

de lo más blando: era el cochito rosado, ¡y la carne está como un merengue! ¡Jesús, mi niñita, no me diga eso! Si yo me muero por servirla: mire que yo soy como las tacitas de coco, que dicen en letras muy guapas: "yo sirvo a mi dueña". Voy a poner la puerta de mi casa llena de tiestos de flores, y a alquilar a los músicos, el día que mi niñita vaya a verme. ¡Y eso que yo no se lo hago a nadie: "porque no lo hago por servicio, sino porque le he cobrado mucha afición!"»

Y Pedro, como que con la ausencia de Juan venía a ser el caballero servidor de las cuatro niñas, ¿qué había de hacer sino estarlas sirviendo, y mucho mejor cuando no estaba cerca Adela, y mejor aún cuando no estaba junto a Ana, que no ponía buenos ojos cuando miraba a la vez a Sol y a Pedro, y mejor que nunca cuando por algún acaso Lucía y Sol estaban solas? Y siempre entonces tenía Lucía algo que hacer, ir de puntillas a ver si seguía durmiendo Ana, ver si habían puesto de beber a los pajaritos azules, preguntar si habían traído la leche fresca que debía tomar Ana al despertarse: siempre tenía Lucía, cuando Pedro y Sol podían quedarse solos, alguna cosa que hacer.

Era el lugar de conversación un colgadizo[11] espacioso, de tablilla bruñida el pavimento: la baranda —como toda la casa, de madera— abierta en tres lados para las tres escalerillas que llevaban al jardín que había al frente de la casa. Estaba el colgadizo siempre en sombra, porque lo vestía de verdor una enredadera copiosísima, esmaltada de trecho en trecho por unos ramos de florecitas rojas. Colgaban del techo, pintado al fresco de unas caprichosas guirnaldas de hojas y flores como las de la enredadera, unos cestos de alambre cubiertos de cera roja, que les hacía parecer de coral, todos llenos de florecillas naturales, brillantes y pequeñas, y a menudo adornados con las hebras de una parásita que crecía sobre los árboles viejos de la finca, y era, por su verde blancuzco y por crecer en hilos, como las canas de aquella arboleda. En los tramos de pared, entre las ventanas interiores, realzadas con unas líneas de vivo encarnado, había unos grandes estudios de flores en madera, pintada con los colores naturales por los

---

[11] Aquí posee el significado de «salón de estar».

artistas del país, con propiedad muy grande: dos de los cuadros eran de magnolia, la una casi abierta, y con cierta hermosura de emperatriz; la otra aún cerrada en su propia rama: y otros dos cuadros eran de las flores pomposas del marpacífico, con sus hojas de rojo encendido, agrupadas de modo que realzase su natural tamaño y hermosura.

Y allí, a la suave sombra, contaba Pedro maravillas y glorias europeas a Ana, que le oía con cariño, —a Adela, que hacía como si no le interesasen, —a Lucía, que pensaba con amorosa cólera en Juan, que debía venir puesto que estaba Lucía; —y a Sol contaba también aquellas historias, quien sin desagrado ni emoción las escuchaba y con sus hábitos de niña huérfana, azorada a veces de la súbita rudeza que templaba Lucía luego con arrebatos afectuosos, sólo se sentía dueña de sí cerca de quien la necesitaba, y ni con Adela, que parecía esquivarla, ni con la misma Lucía, aunque esto le pesaba mucho, tenía ya la naturalidad y abandono que con Ana, con Ana a quien aquellos aires perfumados y calurosos habían vuelto, si no el color al rostro, cierta facilidad a los movimientos y unos como asomos de vida.

Hallaba Pedro con asombro que el atrevimiento desvergonzado y celebración excesiva a que se reduce, casi siempre pagado de prisa y con usura por las mujeres, todo el arte misterioso de los enamoradores, no le eran posibles ante aquella niña recién salida del colegio, que con franca sencillez, y mirándole en los ojos sin temor, decía en alto como materia de general conversación lo que con más privado propósito dejaba Pedro llegar discretamente a su oído. Era la niña de tal hermosura, que llevaba consigo, y de sí misma, la majestad que la defiende; y lo usual iba siendo que, cuando Lucía encontraba modo de ir a ver si los pajaritos azules tenían agua, o si había llegado la leche fresca, no mudase la conversación entre Sol y Pedro, abierta por lo demás y no muy amena, del asunto en que se estaba antes de que Lucía fuera a ver los pájaros. Ni había cosa que a Lucía pusiese en mayor enojo que hallarlos conversando, cuando volvía, de la caza de ayer, del jabalí en preparación, de las fiestas de cacería en los castillos señoriales de Europa, de la pobre Ana, de los tamales de Petrona Revolorio. Y Pedro, de otras mujeres tan temido, era con la mayor tranquilidad puesto por Sol, ya a que leyese la «Amalia» de Mármol[12] o la «María» de Jorge Isaacs[13], que de la ciudad les habían enviado, ya, para unos cobertores de mesa que estaba bordando a la directora, a que devanase el estambre.

Lucía is very jealous

—Sí, sí, hoy estaba muy hermosa. Dime, tú, espejo: ¿la querrá Juan? ¿la querrá Juan? ¿Por qué no soy como ella? Me rasgaría las carnes: me abriría con las uñas las mejillas. Cara imbécil, ¿por qué no soy como ella? Hoy estaba muy hermosa. Se le veía la sangre y se le sentía el perfume por debajo de la muselina blanca.

Y se sentaba Lucía, sola en su cuarto en una silla sin espaldar, sin quitarse los vestidos, ya a más de medianoche, y a poco rato se levantaba, se miraba otra vez al espejo, y se sentaba nuevamente, la cara entre las manos, los codos en las rodillas. Luego rompía a hablarse:

—Yo me veo, sí, yo me veo. ¿Qué es lo que tengo, que me parezco fea a mí misma? Y yo no lo soy, pero lo estoy siendo. Juan lo ha de ver; Juan ha de ver que estoy siendo fea. ¡Ay! ¡por qué tengo este miedo! ¿Quién es mejor que Juan en todo el mundo? ¿Cómo no me ha de querer él a mí, si él quiere a todo el que lo quiere? ¿quién, quién lo quiere a él más que yo? Yo me echaría a sus pies. Yo le besaría siempre las manos. Yo le tendría siempre la cabeza apretada sobre mi corazón. ¡Y esto ni se puede decir, esto que yo quisiera hacer! Si yo pudiera hacer esto, él sentiría todo lo que yo lo quiero, y no podría querer a más nadie. ¡Sol! ¡Sol! ¿quién es Sol para quererlo como yo lo quiero? ¡Juan!... ¡Juan!...

---

[12] *Amalia*, de José Mármol (1817-1874) apareció en 1851 y es la primera novela argentina. En ella el idealismo romántico alterna con la más aguda crítica social, dirigida contra la tiranía de Rosas. Si bien sus ideas sobre el desarrollo hispanoamericano no coinciden en todo con Martí, no cabe duda de que el cubano debió de estimar en mucho esta novela, por las razones que acabo de apuntar.

[13] *María*, del colombiano Jorge Isaacs (1837-1895), publicada en 1867, es una de las novelas más célebres y leídas de toda la literatura hispanoamericana. A Martí debió de interesarle: sobre todo, por el fervor con que retrata la naturaleza americana, por su costumbrismo realista y por el idealismo ético que anima la conducta de los personajes principales.

194

Y conteniendo la voz se iba hacia la ventana abierta, y tendía las manos como sin querer, llamando a Juan a quien acababa de escribir sin decirle que viniese.

Empujó violentamente las dos hojas de la ventana, y arrodillándose de repente junto a ella, sacó afuera, como a que el aire se la humedeciese, la cabeza; y la tuvo apoyada algún tiempo sobre el marco, sin que le molestase aquella almohada de madera.

—¡No puede ser! ¡no puede ser! dijo levantándose de pronto: Juan va a quererla. Lo conozco cada vez que la mira. Se sonríe, con un cariño que me vuelve loca. Se le ve, se le ve que tiene placer en mirarla. Y luego ¡esa imbécil es tan buena! No es mentira, no: es buena. ¿Yo misma, yo misma no la quiero? ¡Sí, la quiero, y la odio! ¿Qué sé yo qué es lo que me pasa por la cabeza? ¡Juan, Juan, ven pronto; Juan, Juan, no vengas!

—¿Cómo no ha de quererla Juan? decía la infeliz, entre golpes de lágrimas, a los pocos momentos, siendo aquel llanto de Lucía extraño, porque no venía a raudal y de seguida, aliviando a la que lloraba, sino a borbotones e intervalos, sofocándola y exaltándola, parecido al agua que baja, tropezando entre peñas, por los torrentes. ¿Cómo no ha de quererla Juan, si no hay quien ame lo hermoso más que él, y la Virgen de la Piedad no es tan hermosa como ella? Juan... Juan... decía en voz baja, como para que Juan viniese sin que nadie lo viera; ¡sin que Sol lo viera!

—Y si viene... y si la mira... ¡yo, no puedo soportar que la mire!... ¡ni que la mire siquiera! Y si está aquí un mes, dos meses. Y si ella no quiere a Pedro Real, porque no lo quiere, y Ana le dice que no lo quiera. Y ella va a querer a Juan ¿cómo no va a quererlo? ¿Quién no lo quiere desde que lo ve? Ana lo hubiera querido, si no supiese que ya él me quería a mí; ¡porque Ana es buena! Adela lo quiso como una loca; yo bien lo vi, pero él no puede querer a Adela. Y Sol ¿por qué no lo ha de querer? Ella es pobre; él es muy rico. Ella verá que Juan la mira. ¿Qué marido mejor puede tener ella que Juan? Y me lo quitará, me lo quitará si quiere. Yo he visto que me lo quiere quitar. Yo veo cómo se queda oyéndole cuando habla; así me quedaba yo oyéndole cuando era niña. Yo veo que cuando él sale, ella alza la cabeza para seguirle viendo. ¡Y van a estar aquí un mes, dos meses! ella siempre con Ana, todos con Ana siempre. Él recreando los ojos en toda su hermosura. Yo, callada a su lado, con los labios llenos de horrores que no digo, odiosa y fiera. Esto no ha de ser, no ha de ser, no ha de ser. O Sol se va, o yo me iré. Pero ¿cómo me he de ir yo?; ¡que me lo robe alguien si puede! Y abrió los brazos en la mitad del cuarto, como desafiando, y le cayó por las espaldas desatada la cabellera negra.

—¡Que no se sienten juntos: que yo no lo vea!

Y con los labios apoyados sobre el puño cerrado, quedó dormida en un sillón cerca de la ventana, sombreándole extrañamente el rostro, al agitarse movida por el aire, la cabellera negra.

¿A quién vio la mañana siguiente Lucía, sentado en el colgadizo, con Sol y con Ana? Venía con paso lento, y como si no hubiera querido venir.

—¡No le diga, no le diga!... a Sol que se levantaba como para avisarle.

Venía Lucía con paso lento, y Ana y Sol, que conocían las habitaciones de la casa, sabían que era ella quien venía. Volvió Sol a su asiento. Juan hizo como que hablaba muy animadamente con Ana y con ella. Lucía llegó a la puerta. Los vio sentados juntos, y como que no la veían. Tembló toda. ¿Entra? ¿Sale? ¡Juan! ¡allí Juan! ¡Juan así! Se clavó los dientes en el labio, y los dejó clavados en él. Volvió la espalda, se entró por el corredor que iba a su habitación; a Sol que fue corriendo detrás de ella: ¡Vete! ¡vete! y entró en su cuarto, cerrando tras de sí con llave la puerta.

¡A Juan que, suponiéndola apenada, no bien acabó con cuanta prisa pudo su empeño en el pueblo de los indios, volvió a la ciudad, y de allí, aprovechando la noche por sorprender a Lucía con la luz de la mañana, emprendió sin descansar el camino de la finca a caballo y de prisa! ¡A Juan, que con amores muy altos en el alma, consentía, por aquella piedad suya que era la mayor parte de su amor, en atar sus águilas al cabello de aquella criatura, no tanto por lo que la amaba él, sin que por eso dejase de amarla, sino por lo que lo amaba ella! ¡A Juan que, puestos en las nubes del cielo y en los sacrificios de la tierra sus mejores cariños, no dejaba, sin embargo, por aquella excelente condición suya, de hacer, pensar u omitir cosa con que él pudiera creer que sería agradable a su prima Lucía, aunque no tuviese él placer en ella! ¡A Juan que, joven como era, sentía, por cierto anuncio del dolor que más parece recuerdo de él, como si fuera ya persona muy trabajada y vivida, quienes a las mujeres, sobre todo en la juventud, parecían encantadores enfermos! ¡A Juan, que se sentía crecer bajo del pecho, a pesar de lo mozo de sus años, unas como barbas blancas muy crecidas, y aquellos cariños pacíficos y paternales que son los únicos que a las barbas blancas convienen! ¡A Juan, que tenía de su virtud idea tan exaltada como la mujer más pudorosa, y entendía que eran tan graves como las culpas groseras los adulterios del pensamiento!

¡A Juan, porque, ya después de aquellas cartas extrañas que Lucía le había escrito a la finca sin hablarle de su vuelta, recibirlo de aquel modo, con aquella mirada, con aquella explosión de cólera, con aquel desdén! ¿Pues cuándo había cesado de pensar Juan, cuándo, que aquel cariño que con tanta ternura prodigaba, sin fatiga ni traición, sobre su prima, era como una concesión de él, como un agradecimiento de él, como una tentativa, a lo sumo, de asir en cuerpo y ver con los ojos de la carne las ideas de rostro confuso y vestidura de perlas, que, cogidas del brazo y con las alas tendidas, le vagaban en giros majestuosos por los espacios de su mente! Pues sin el alma tierna y fina que de propia voluntad suya había supuesto, como natural esencia de un cuerpo de mujer, en su prima Lucía, ¿qué venía a ser Lucía? ¿Qué hombre, que lo sea, ama a una mujer más que por el espíritu puro que supone en ella, o por el que cree ver en sus acciones, y con el que le alivia y levanta el suyo de sus tropiezos y espantos en la vida? Pues una mujer sin ternura ¿qué es sino un vaso de carne, aunque lo hubiese moldeado Cellini[14], repleto de veneno? Así, en un día, dejan de amar los hombres a la mujer a quien quisieron entrañablemente, cuando un acto claro

---

[14] Se refiere, sin duda, al célebre orfebre y escultor florentino Benvenuto Cellini (1500-1571), cuya obra se halla en la cima de la escultura manierista.

e inesperado les revela que en aquella alma no existen la dulzura y superioridad con que la invistió su fantasía.

—Estará enferma Lucía. Ana, dile que la saludaré luego. Voy a ver a Pedro Real. Sol, gracias por lo buena que es Vd. con Ana. Vd. tiene ya fama de hermosa, pero yo le voy a dar fama de buena.

Lucía oyó esto, que hizo que le zumbasen las sienes y le pareciese que caía por tierra: Lucía, que sin ruido había abierto la puerta de su cuarto, y había venido hasta la de la sala, para oír lo que hablaban, en puntillas.

Violentos fueron, a partir de entonces, los días en la finca. Ni Ana misma sabía, puesto que tenía a Sol constantemente a su lado, qué causaba la ira de Lucía. Esta cesó cuando Juan, tomándola a la tarde de la mano, la llevó, mientras que Pedro y Adela buscaban flores de saúco para Ana, a la sombra de un camino de rosales que daba al saucal, y donde había de trecho en trecho unos bancos de piedra, y al lado unos atriles, de piedra también, como para poner un libro. En la mirada y en la voz se conocía a Juan que algo se le había roto en lo interior, y le causaba pena; pero con voz consoladora persuadía a Lucía quien, con pretextos fútiles, que no acertaba Juan a entender ni excusar, ocultaba la razón verdadera de su ira, que ella a la vez quería que Juan adivinase y no supiese: «¡porque si no lo es, y se lo digo, tal vez sea! Y no lo es, no, yo creo ahora que no lo es; pero si no sabe lo que es ¿cómo me va a perdonar?» Y airada ya contra Juan irrevocablemente, como si las nubes que pasan por el cielo del amor fueran sus lienzos funerarios, se levantaron como si hubieran hecho las paces, pero sin alegría.

Pusiéronse en esto los días tan lluviosos, que ni Pedro iba a casa, ni Adela a la de la Revolorio, ni podía Ana salir al colgadizo, ni Sol y Lucía, sino estar cerca de ella; ni Juan, fuera de sus horas de leer, que le fatigaban ahora que no estaba contento, tenía modo de estar alejado de la casa. Ni había con justicia para Juan placer más grato, ahora que en Lucía había entrevisto aquel espíritu seco y altanero, que estar cerca de Ana, cuyo espíritu puro con la vecindad de la muerte se esclarecía y afinaba. Y se asombraba Juan, con razón, de haber pasado, libre aún, cerca de aquella criatura que se desvanecía, sin rendirle el alma. Esta misma contemplación del espíritu de Ana, cuya cabalidad y belleza entonces más que nunca le absorbían, le apartaron del riesgo, en otra ocasión acaso inevitable, de observar en cuán grata manera iban unidas en Sol, sin extraordinario vuelo de intelecto, la belleza y la ternura.

Con Lucía, no había paces. Lo que no penetraba Ana, ¿cómo lo había de entender Sol? En vano, Sol, aunque ya asustadiza, aprovechando los momentos en que Ana estaba acompañada de Juan o de Pedro y Adela, se iba en busca de Lucía, que hallaba ahora siempre modo de tener largos quehaceres en su cuarto, en el que un día entró Sol casi a la fuerza, y vio a Lucía tan descompuesta que no le pareció que era ella, sino otra en su lugar: en el talle un jirón, los ojos como quemados y encendidos, el rostro todo como de quien hubiese llorado.

Y ese día Lucía y Juan estaban en paz: ni permitía Juan, por parecerle como indecoro suyo, aquel llevar y traer de cóleras, que le sacaban el alma de la fecunda paz a que por la excelencia de su virtud tenía derecho. Pero ese día, como que Ana se fatigase visiblemente de hablar, y Adela y Pedro estuviesen ensayando al piano una pieza nueva para Ana, Juan, un tanto airado con Lucía, que se le mostraba dura, habló con Sol muy largamente, y se animó en ello, al ver el interés con que la enferma oía de labios de Juan la historia de Mignon, y a propósito de ella, la vida de Göethe. No era ésta para muy aplaudida, del lado de que Juan la encaminaba entonces, y tan hermosas cosas fue diciendo, con aquel arrebatado lenguaje suyo, que se le encendía y le rebosaba en cuanto sentía cerca de sí almas puras, que Pedro y Adela, ya un tanto reconciliados, vinieron discretamente a oír aquel nuevo género de música, no señalada por el artificio de la composición ni pedantesca pompa, sino que con los ricos colores de la naturaleza salía a caudales de un espíritu ingenuo, a modo de confesiones oprimidas. Lucía se levantaba, se mostraba muy solícita para Ana, interrumpía a Juan melosamente. Salía como con despecho. Entraba como ya iracunda. Se sentaba, como si quisiera domarse. «Sol, ¿habrán puesto agua a los pájaros?» Y Sol fue, y habían puesto agua. «Sol, ¿habrán traído la leche fresca para Ana?» Y Sol fue, y habían traído la leche fresca para Ana. Hasta que, al fin, salió Lucía, y no volvió más: Sol la halló luego, con los ojos secos y el talle desgarrado.

Y aquello crecía. Hoy era una dureza para Sol. Otra mañana. A la tarde otra mayor. La niña, por Ana y por Juan, no las decía. Juan, apenas bajaba. Lucía, con grandes esfuerzos, lograba apenas, convertido en odio aparente todo el cariño que por Juan sentía, disimularlo de modo que no fuera apercibido. ¿Quién había de achacar a Sol tanta mudanza, a Sol cuya pacífica belleza en el campo se completaba y esparcía, pues era como si la vertiese en torno suyo, y por donde ella anduviese fueran, como sus sombras, la fuerza y la energía? ¿A Sol, que sobre todos levantaba sus ojos limpios, grandes y sencillos, sin que en alguno se detuviesen más que en otro; con Lucía, siempre tierna; para Ana, una hermanita; con Pedro, jovial y buena; con Juan, como agradecida y respetuosa? Pero ése era su pecado: sus ojos grandes, limpios y sencillos, que cada vez que se levantaban, ya sobre Juan, ya sobre otros donde Juan pudiese verlos, se entraban como garfios envenenados por el corazón celoso de Lucía; y aquella hermosura suya, serena y decorosa, que sin encanto no se podía ver, como la de una noche clara.

Hasta que una noche:

—No, Sol, no: quédate aquí.

—¿Ana, adónde vas? ¿Qué tienes, Ana? ¿Salir tú del cuarto a estas horas? ¡Ana! ¡Ana!

—Déjame, niña, déjame. Hoy, yo tengo fuerzas. Llévame hasta la mitad del corredor.

—¿Del corredor?

—Sí: voy al cuarto de Lucía.

—Pues bueno, yo te llevo.

—No, mi niña, no. Se sentó un momento, con Sol a sus pies, le abrazó la cabeza, y la besó en la frente. Nada le dijo, porque nada debía decirle. Y se levantó, del brazo de ella.

—Es que sé lo que tiene triste a Lucía. Déjame ir. De ningún modo vayas. Es por el bien de todos.

Fue, tocó, entró.

—¡Ana!

Ana, casi lívida y tendiendo los brazos para no caer en tierra, estaba de pie, en la puerta del cuarto oscuro, vestida de blanco.

—Cierra, cierra.

Se habló mucho, se oyeron gemidos, como de un pecho que se vacía, se lloró mucho.

Allá a la madrugada, la puerta se abría. Lucía quería ir con Ana.

—No, no, quiero llevarte; ¿cómo has de ir sola si no puedes tenerte en pie? Sol estará despierta todavía. Yo quiero ver a Sol ahora mismo.

—¡Loca! ¡Hasta cuando eres buena, loca! A Juan, sí, en cuanto lo veas mañana, que será delante de mí, bésale la mano a Juan. A Sol, que no sepa nunca lo que te ha pasado por la mente. Vamos: acompáñame hasta la mitad del corredor.

—¡Mi Ana, madrecita mía, mi madrecita!

Y lloró Lucía aquella mañana, como se llora cuando se es dichoso.

¡Fiesta, fiesta! El médico lo ha dicho; el médico, que vino desde la ciudad a ver a la enferma, y halló que pensaba bien Petrona Revolorio. ¡Fiesta de flores para Ana!

¡Todos los músicos de las cercanías! ¡Telegramas a los sinsontes![15] ¡Recados a los amarillos![16] ¡Mensajeros por toda la comarca, a que venga toda la canora pajarería! Ana, ya se sabe de Ana: ¡Aquí no está bien, y debe ir adonde está bien! Pero es buena idea esa de Petrona Revolorio, y la enferma quiere que se dé un baile que haga famosa la finca. Petrona, por supuesto, no estará en la sala, ni ése es el baile que debía dar el niño Pedro Real; pero ella estará donde la pueda ver su niñita Ana, y mandarle todo lo que necesite, porque «ella baila con ver bailar, y lo que hace no lo hace por servicio, sino porque ha cobrado mucha afición». Ya está tan conten-

---

[15] *sinsonte:* pájaro americano de plumaje pardo, semejante al mirlo, pero con el pecho y el vientre blancos. Destaca por su canto variado y melodioso.

[16] *amarillos:* se refiere, en general, a los pájaros de plumaje amarillo.

ta como si fuese la señora. Tiene un jarrón de China, que hubo quién sabe en qué lances, y ya lo trajo, para que adorne la fiesta; pero quiere que esté donde lo vea la niña Ana.

¡Ahora sí que ha empezado la temporada en la finca! Andar, bien, andar, Ana no puede; pero Petrona la acompaña mucho y Sol, siempre que van Juan y Lucía a pasear por la hacienda, porque entonces ¡qué casualidad! entonces siempre necesita Ana de Sol.

El médico vino, después de aquella noche. El baile lo quiere Ana para sacudir los espíritus, para expulsar de las almas suspicaces la pena pasada, para que con el roce solitario no se enconen heridas aún abiertas, para que, viendo a Lucía tierna y afable, torne de nuevo la seguridad en el alma de Juan alarmado, para que Lucía vea frente a frente a Sol en la hora de un triunfo, y como Ana le hablará antes a Juan, Lucía no tiemble. ¡Ana se va, y ya lo sabe!: ella no quiere el baile para sí, sino para otros.

¡Qué semana, la semana del baile! Pedro ha ido a la ciudad. Lucía quiso por un momento que fuera Juan, hasta que la miró Ana.

—¡Oh, no, Juan! tú no te vayas.

Una tristeza había en los ojos de Juan Jerez, que acaso ya nada haría desaparecer: la tristeza de cuando en lo interior hay algo roto, alguna creencia muerta, alguna visión ausente, algún ala caída. Mas se notó en los ojos de Juan una dulce mirada, y no como que se alegraba él por sí, sino por placer de ver tierna a Lucía. ¡Son tan desventurados los que no son tiernos!

De la ciudad vendría lo mejor; para eso iba Pedro. ¿Quién no quería alegrar a Ana? Y ver a Sol del Valle, que estaba ahora más hermosa que nunca ¿quién no querría? Carruajes, los tenían casi todos los amigos de la casa. El camino, salvo el tramo de las ciudades antiguas, era llano. Allí habría caballerías para ayuda o repuesto. Cerca de la casa, como a dos cuadras de ella, aderezaron para caballerizas dos grandes caserones de madera, construidos años atrás para experimentos de una industria que al fin no dio fruto. Pedro, antes de salir, había encargado que por todas las calles del jardín que había frente a la casa, pusieran unas columnas, como media vara más altas que un hombre, que habían de estar todas forradas de aquella parásita del bosque, sembrada acá y allá de flores azules; y sobre los capiteles, se pondrían unos elegantes cestos, vestidos de guías de enredadera y llenos de rosas. Las luces vendrían de donde no se viesen, ya en el jardín, ya en la casa; y estaba en camino Mr. Sherman, el americano de la luz eléctrica, para que la hubiese bien viva y abundante: los globos se esconderían entre cestos de rosas. De jazmines, margaritas y lirios iban a vestirle a Ana, sin que ella lo supiese, el sillón en que debía sentarse en la fiesta. Con una hoja de palma, puesta al lado de los marcos y encorvada en ondulación graciosa por la punta en el otro, vistieron los indios todas las puertas y ventanas, y hubo modo de añadir a las enredaderas del colgadizo, otras parecidas por un buen trecho a ambos lados de las tres entradas, en cada uno de cuyos peldaños, como por toda esquina visible del colgadizo o de las salas, pusieron grandes vasos japoneses y chinos con plantas americanas. En las paredes del salón, como desusada maravilla, colgó Juan cuatro platos castellanos, de los que los conquistadores españoles embutían en las torres. Era por dentro la casa blanca, como por fuera, y toda ella, salvo el colgadizo, tenía el piso cubierto por una alfombra espesa como de un negro dorado, que no llegaba nunca a negro, con dibujos menudos y fantásticos, de los que el del ancho borde no era el menos rico, rescatando la gravedad y monotonía que le hubiera venido sin ellos de aquella masa de color oscuro.

¡Gentes, carruajes, caballos! Pedro y Juan jinetean sin cesar toda la tarde, de la casa al parador, y de éste a aquélla. En las ciudades antiguas donde aún hay alegres posadas, y cierto indio que sabe francés, han comido casi todos los invitados. A las ocho de la noche empieza el baile. ¡Oh qué tamales, de las especies más diversas, tiene dispuestos Petrona Revolorio!; esta tarde, cuando los hizo, se puso el chal de seda. Ana no ha visto su sillón de flores. ¿Adónde ha de estar Adela, sino por el jardín correteando, enseñando cuanto sabe, a la cabeza de un tropel de flores, de flores de ojos negros?

¿Y Lucía? Lucía está en el cuarto de Ana, vistiendo ella misma a Sol. Ella, se vestirá luego. ¡A Sol, primero! —Mírala, Ana, mírala. Yo me muero de celos. ¿Ves? el brazo de encajes. Toma; ¡te lo beso! ¡Qué bueno es querer! Dime, Ana, aquí está el brazo, y aquí está la pulsera de perlas: ¿cuáles son las perlas? Y ¿de qué iba vestida Sol? De muselina; de una muselina de un blanco un poco oscuro y transparente, el seno abierto apenas, dejando ver la garganta sin adorno; y la falda casi oculta por unos encajes muy finos de Malinas[17] que de su madre tenía Ana.

—Y la cabeza ¿cómo te vas a peinar al fin? Yo misma quiero peinarte.

—No, Lucía, yo no quiero. No vas a tener tiempo. Ahora voy a ayudarte yo. Yo no voy a peinarme. Mira; me recojo el cabello, así como lo tengo siempre, y me pongo ¿te acuerdas? como en el día de la procesión, me pongo una camelia.

Y Lucía, como alocada, hacía que no la oía. Le deshacía el peinado, le recogía el cabello a la manera que decía. —¿Así? ¿No? Un poco más alto, que no te cubra el cuello. ¡Ah! ¿y las camelias?... ¿Esas son? ¡Qué lindas son! ¡qué lindas son! Y la segunda vez dijo esto más despacio y lentamente como si las fuerzas le faltaran y se le fuera el alma en ello.

—¿De veras que te gustan tanto? ¿Qué flores te vas a poner tú?

Lucía, como confusa:

—Tú sabes: yo nunca me pongo flores.

—Bueno: pues si es verdad que ya no estás enojada conmigo, ¿qué te hice yo para que te pusieras enojada? si es verdad que ya no estás enojada, ponte hoy mis camelias.

—¡Yo, camelias!

—Sí, mis camelias. Mira, aquí están; yo misma te las llevo a tu cuarto. ¿Quieres?

¡Oh! si se pusiera toda aquella hermosura de Sol la que se pusiese sus camelias. ¿Quién, quién llegaría nunca a ser tan hermosa como Sol? ¡Qué lindas, qué lindas, son esas camelias! —Pero tú, ¿qué flores te vas a poner?

—Yo, mira: Petrona me trajo unas margaritas esta mañana, estas margaritas.

---

[17] *encajes de Malinas:* famosos encajes bordados a mano, que procedían de Malinas (Bélgica).

¡Gentes, caballos, carruajes! Las cinco, las seis, las siete. Ya está lleno de gente el colgadizo. Caballeros y niñas vienen ya del brazo, de las habitaciones interiores. Carruajes y caballos se detienen a la puerta del fondo, de la que por un corredor alfombrado, con grabados sencillos adornadas las paredes, se va a la vez a los cuartos interiores que abren a un lado y a otro, y a la sala. Ya desde él, al apearse del carruaje, se ve a la entrada de la sala, donde hay un doble recodo para poner dos otomanas, como si hubiese allí ahora un bosquecillo de palmas y flores. En un cuarto dejan las señoras sus abrigos y enseres, y pasan a otro a reparar del viaje sus vestidos o a cambiarlos algunas por los que han enviado de antemano. A otro cuarto entran a aliñarse y dejar sus armas los que han venido a caballo. Una panoplia de armas indias, clavada a un lado de la puerta de los caballeros, les indica su cuarto. Un gran lazo de cintas de colores y un abanico de plumas medio abierto sobre la pared, revelan a las señoras los suyos.

Ya suenan gratas músicas, que los indios de aquellas cercanías, colocados en los extremos del colgadizo, arrancan a sus instrumentos de cuerdas. Del jardín vienen los concurrentes; del cuarto de las señoras salen; Ana llega del brazo de Juan. «Juan, ¿quién ha sido? ¿para mí ese sillón de flores?» No la rodean mucho; se sabe que no deben hablarle. Y ¿Lucía que no viene? Ella vendrá enseguida. ¿Y Sol? ¿Dónde está Sol? Dicen que llega. Los jóvenes se precipitan a la puerta. No viene aún. Se está inquieto. Se valsa. Sol viene al fin: viene, sin haberla visto, de llamar al cuarto de Lucía. «¡Voy! ¡Ya estoy!» Así responde Lucía de adentro con una voz ahogada. No oye Sol los cumplimientos que le dicen: no ve la sala que se encorva a su paso: no sabe que la escultura no dio mejor modelo que su cabeza adornada de margaritas, no nota que, sin ser alta, todas parecen bajas cerca de ella. Camina como quien va lanzando claridades, hacia Juan camina:

—Juan ¡Lucía no quiere abrirme! Yo creo que le pasa algo. La criada me dice que se ha vestido tres o cuatro veces, y ha vuelto a desvestirse, y a despeinarse, y se ha echado sobre la cama, desesperada, lastimándose la cara y llorando. Después despidió a la criada, y se quedó vistiéndose sola. ¡Juan! ¡vaya a ver qué tiene!

En este instante, estaban Juan y Sol, de pie en medio de la sala, y otras parejas, pasando, en espera de que rompiese el baile, alrededor de ellos.

—¡Allí viene! ¡allí viene! dijo Juan, que tenía a Sol del brazo, señalando hacia el fondo del corredor, por donde a lo lejos venía al fin Lucía. Lucía, toda de negro. A punto que pasaba por frente a la puerta del cuarto de vestir, interrumpiendo el paso a un indio, que sacaba en las manos cuidadosamente, por orden que le había dado Juan, una cesta cargada de armas, vio, viniendo hacia ella del brazo, solos, en plena luz de plata, en mitad del bosquecillo de flores que había a la entrada de la sala, a Juan y a Sol, a la hermosísima pareja. Se afirmó sobre sus pies como si se clavase en el piso. «¡Espera! ¡Espera!» dijo al indio. Dejó a Juan y a Sol adelantarse un poco por el corredor estrecho, y cuando les tenía como a unos doce pasos de distancia, de una terrible sacudida de la cabeza desató sobre su espalda la cabellera: «¡Cállate, cállate!» le dijo al indio, mientras haciendo como que miraba adentro, ponía la mano tremenda en la cesta; y cuando Sol se desprendía del brazo de Juan y venía a ella con los brazos abiertos...

¡Fuego! Y, con un tiro en la mitad del pecho, vaciló Sol, palpando el aire con las manos, como una paloma que aletea, y, a los pies de Juan horrorizado, cayó muerta.

—¡Jesús! ¡Jesús! ¡Jesús! Y retorciéndose y desgarrándose los vestidos, Lucía se echó en el suelo, y se arrastró hasta Sol de rodillas, y se mesaba los cabellos con las manos quemadas, y besaba a Juan los pies; a Juan, a quien Pedro Real, para que no cayese, sostenía en su brazo. ¡Para Sol, para Sol, aun después de muerta, todos los cuidados! ¡Todos sobre ella! ¡Todos queriendo darle su vida! ¡El corredor lleno de mujeres que lloraban! ¡A ella, nadie se acercaba a ella!

—¡Jesús, Jesús! Entró Lucía por la puerta del cuarto de vestir de las señoras, huyendo, hasta que dio en la sala, por donde Ana cruzaba medio muerta, de los brazos de Adela y de Petrona Revolorio, y exhalando un alarido, cayó, sintiendo un beso, entre los brazos de Ana.